DEVOCIONALES
RVR60
para Mujeres

SUZANNE HADLEY GOSSELIN
Y CAROLYN HADLEY

ORIGEN

Título original: *KJV Devotional for Women*

Primera edición: octubre de 2025

Publicado bajo acuerdo con Harvest House Publishers

Copyright © 2022 by Harvest House Publishers
Published by Harvest House Publishers
Eugene, Oregon 97408
www.harvesthousepublishers.com

Todos los derechos reservados.

Publicado por ORIGEN®, marca registrada de
Penguin Random House Grupo Editorial USA, LLC
8950 SW 74th Court, Suite 2010
Miami, FL 33156

Traducción: Eloida Viegas
Copyright de la traducción ©2025 por Penguin Random House Grupo Editorial

Texto bíblico: Reina-Valera 1960® © Sociedades Bíblicas en América Latina, 1960.
Renovado © Sociedades Bíblicas Unidas, 1988.
Reina-Valera 1960® es una marca registrada de las Sociedades Bíblicas Unidas
y puede ser usada solo bajo licencia.

RVR60

Penguin Random House Grupo Editorial apoya la protección de la propiedad intelectual y el derecho de autor. El derecho de autor estimula la creatividad, defiende la diversidad en el ámbito de las ideas y el conocimiento, promueve la libre expresión y favorece una cultura viva. Gracias por comprar una edición autorizada de este libro y por respetar las leyes del derecho de autor al no reproducir, escanear ni distribuir ninguna parte de esta obra por ningún medio sin permiso previo y expreso. Al hacerlo está respaldando a los autores y permitiendo que PRHGE continúe publicando libros para todos los lectores. Por favor, tenga en cuenta que ninguna parte de este libro puede usarse ni reproducirse, de ninguna manera, con el propósito de entrenar tecnologías o sistemas de inteligencia artificial ni de minería de textos y datos.
En caso de necesidad, contacte con: HYPERLINK "mailto:seguridadproductos@penguinrandomhouse.com" seguridadproductos@penguinrandomhouse.com
El representante autorizado en el EEE es Penguin Random House Grupo Editorial, S. A. U., Travessera de Gràcia, 47-49. 08021 Barcelona, España.

Impreso en Colombia / *Printed in Colombia*

Información de catalogación de publicaciones disponible
en la Biblioteca del Congreso de los Estados Unidos

ISBN: 979-8-89098-360-2

25 26 27 28 29   10 9 8 7 6 5 4 3 2 1

Introducción

La Biblia Reina-Valera se erige como una de las versiones más empleadas por los protestantes de habla hispana. Su actual forma es el resultado de un exhaustivo proceso de revisiones llevado a cabo por las Sociedades Bíblicas Unidas sobre la Biblia del Oso de 1569, obra de Casiodoro de Reina, una de las primeras traducciones al español. Casiodoro de Reina, un monje español que abrazó el protestantismo, fundamentó su traducción en el Texto Masorético para el Antiguo Testamento y en el Textus Receptus para el Nuevo Testamento. Posteriormente, tras la primera revisión realizada por Cipriano de Valera en 1602, esta obra pasó a ser conocida como la Biblia Reina-Valera.

La Reina-Valera experimentó una notable difusión durante la Reforma protestante del siglo XVI, consolidándose como la única versión de la Biblia utilizada en la iglesia protestante de lengua castellana durante más de cuatro siglos. Hoy en día, con varias revisiones a través de los años (1862, 1909, 1960, 1995, 2009, 2011, 2015), sigue siendo una de las traducciones más usadas.

Este devocional está escrito por dos mujeres: Suzanne Gosselin, esposa de pastor, ama de casa y madre de cuatro hijos, y su tía, Carolyn Hadley, enfermera jubilada, viuda, madre de tres hijos y abuela de seis nietos. Ambas mujeres querían honrar la tradición de la Biblia basándose en versículos que conocieron y amaron desde su infancia.

Cada reflexión del Devocional RVR60 para mujeres ha sido etiquetada con el nombre de su autora en aras de la claridad.

La oración de las autoras es que, mientras medites en estos pasajes tan amados de las Escrituras y las verdades que contienen, el Dios de esperanza te llene de todo gozo y paz en la fe (Romanos 15:13).

Recordatorios del Creador

*Todas las cosas por él fueron hechas,
y sin él nada de lo que ha sido hecho, fue hecho.*
Juan 1:3

Hace unos años, estábamos saliendo de la iglesia, y observé que mi hija pequeña recogía puñados de hojas, palitos y piedras.

—¿Qué es eso? —le pregunté.

—Estoy guardando todas estas cosas porque me recuerdan a Dios —me respondió.

Me impactó su sencilla observación. La naturaleza es un recordatorio poderoso de que Jesús, a través de Dios, creó todas las cosas y las controla. Nada de lo que vemos existiría sin Él. Esta verdad trae consuelo cuando el mundo parece estar fuera de control. Cuando me siento abrumada por los titulares de noticias o por una situación desafiante en mi propia vida, puedo recordar que todo lo que existe está aquí gracias a mi Creador amoroso y poderoso. Cuando me pregunto si el Señor me apoyará, solo necesito mirar una hoja intrincada, una flor que florece o un imponente bosque de árboles para ver lo que Él ya ha hecho, y confiar en que mis circunstancias están en sus manos capaces.

Apoyo del alma
Suzanne

Y nos mandó Jehová que cumplamos todos estos estatutos, y que temamos a Jehová nuestro Dios, para que nos vaya bien todos los días, y para que nos conserve la vida, como hasta hoy.
Deuteronomio 6:24

No hace mucho, me encontraba en la fila de un *buffet* en un evento de mujeres. Observé que la mujer a mi lado solo tomaba unas pocas frambuesas cuando había platos de manjares deliciosos y pasteles esparcidos por la mesa.

—¿Estás haciendo una dieta restrictiva? —le pregunté, sintiendo un poco de pena por ella. Su respuesta me sorprendió.

—Prefiero no pensar que es una dieta restrictiva —contestó alegremente—. Solamente como lo que me alimenta.

¿Cuántas veces pensamos en los mandamientos de Dios como restrictivos? Podemos sentir que cumplir sus estatutos resta diversión a la vida o que es un sacrificio. Pero es una forma equivocada de verlo.

Los mandamientos de Dios dan vida y nutren nuestra alma. En algunos casos, preservan nuestra vida física, pero siempre enriquecen nuestra vida espiritual. Al seguir a Jesús, no estoy renunciando a nada; estoy eligiendo aquello que hace florecer mi alma.

La dieta del bienestar
Carolyn

*Si, pues, coméis o bebéis, o hacéis otra cosa,
hacedlo todo para la gloria de Dios.*
1 Corintios 10:31

Tengo una tradición inusual de Año Nuevo. Literalmente «salto» al año siguiente brincando desde un taburete, una silla o una chimenea. Así indicaba mi suegra un nuevo comienzo para el año. Cada enero honro su memoria haciendo esta actividad, y espero transmitir esta tradición a las futuras generaciones.

Un nuevo año ofrece la esperanza de cambios positivos. Mis metas son estar física y espiritualmente en forma para poder servir al Señor lo mejor posible. Esto requiere autodisciplina y un estilo de vida saludable que incluya sueño adecuado, menos estrés y más ejercicio.

Más importante aún, un nuevo año me brinda la oportunidad de fortalecer mi estado espiritual al rendirme más a Cristo. Hago esto al buscarlo a diario y permitirle alimentar mi alma. Tal vez no sea un año nuevo, pero ¿por qué no glorificar a Dios adoptando hábitos que nutran tu salud física y espiritual?

La voz buena de Dios
Suzanne

Mis ovejas oyen mi voz, y yo las conozco, y me siguen.
Juan 10:27

Cuando mi hijo tenía cuatro años, me hizo un cumplido inusual. «Eres la mejor mamá», me dijo, «tu voz suena bien».

Al reflexionar sobre sus sencillas palabras, pensé en cuánto amo la voz de mi madre. A menudo la llamo solo para escuchar su voz reconfortante al otro lado de la línea. La Biblia indica que las ovejas de Dios, los creyentes, oyen su voz y lo siguen. Su voz debería sonar atractiva porque Él es un Padre bueno y amoroso, un Pastor amable y un compañero fiel.

Cuanto más camino con el Señor, más familiar se vuelve su voz suave y tranquila. La escucho cuando mi alma está abrumada y temerosa. La escucho cuando salgo a su creación y veo su gloria. La escucho en momentos íntimos, cuando confieso algo que nadie más sabe sobre mí y lo oigo susurrar: «te amo». Ruego aprender a escuchar bien, y que oír la voz de mi Pastor sea un deleite.

Vivir como deberíamos

Suzanne

Porque la gracia de Dios se ha manifestado para salvación a todos los hombres, enseñándonos que, renunciando a la impiedad y a los deseos mundanos, vivamos en este siglo sobria, justa y piadosamente, aguardando la esperanza bienaventurada y la manifestación gloriosa de nuestro gran Dios y Salvador Jesucristo.
Tito 2:11-13

Cuando contemplamos el mundo que nos rodea, muchos mensajes nos indican cómo deberíamos vivir.

—Haz lo que te haga feliz —gritan algunos.

—Haz lo que haga felices a los demás —vociferan otros.

Las voces contradictorias de nuestra cultura pueden hacernos sentir lanzadas en las olas de la opinión popular y la sabiduría mundana. A veces es difícil saber hacia dónde dirigir nuestra mirada, en qué deberíamos enfocarnos.

Pablo respondió a esta misma pregunta cuando le indicó a Tito cómo deberían vivir los salvos a la luz de la gracia de Dios. El regalo inmerecido de la salvación debería motivarnos a alejarnos de la impiedad y a vivir vidas moderadas y justas en Cristo. Y al hacerlo, aguardamos con ansias una gran esperanza: el día en que las pruebas de esta vida terminen y nuestro Salvador resucitado regrese para hacer nuevas todas las cosas.

La gaviota solitaria
Carolyn

Sed sobrios, y velad; porque vuestro adversario el diablo, como león rugiente, anda alrededor buscando a quien devorar.
1 Pedro 5:8

Hace unos años, mi familia fue de vacaciones a la playa en Florida. Una mañana, disfrutaba del hermoso panorama desde el balcón de nuestro apartamento. La imagen del agua azul verdosa, las olas rompiendo en la orilla de arena blanca, las palmeras balanceándose y el alboroto de las gaviotas competían por mi atención y deleitaban mis sentidos.

Justo entonces, vi una gaviota solitaria flotando en el aire a cierta distancia detrás de una colonia de gaviotas que volaban en formación de V. *¿Se habría retrasado al unirse al grupo?* Me pregunté. *¿Fue rechazada por las demás? ¿O quería ser la líder y se negó a seguir la fila?* Fuese cual fuese el motivo, la gaviota volaba en solitario.

Como creyentes, a veces podemos sentir que volamos solos. Pero en los números hay fuerza. Volar a solas puede ser una desventaja. Podemos encontrar protección y fortaleza en Dios y en su pueblo. Debemos estar atentos a los intentos de Satanás de socavar los propósitos de Dios en nuestras vidas. Y el lugar más seguro para hacerlo es en la comunidad cristiana. Dios nos concede fuerza en los números.

Mejor son dos que uno

— Suzanne —

*Mejores son dos que uno; porque tienen mejor paga
de su trabajo. Porque si cayeren, el uno levantará
a su compañero; pero ¡ay del solo! que cuando cayere,
no habrá segundo que lo levante.*
Eclesiastés 4:9-10

Una de las cosas que más me incomodan es necesitar ayuda. Prefiero resolver mis problemas yo sola que dejar al descubierto mis debilidades. La cuestión es que, a veces, una segunda persona no solo es útil, ¡sino absolutamente necesaria!

Dios nos diseñó para ser interdependientes. Esto se ve en cómo estableció las familias al inicio de la creación y en cómo diseñó el funcionamiento de la iglesia: un cuerpo diverso de creyentes que trabajan juntos para cumplir los propósitos de Dios. Necesitamos a otras personas que nos ayuden y animen. Piensa en una situación en la que simplemente no habrías podido salir adelante sin la ayuda de alguien más. ¿Cómo usó Dios a esa persona en tu vida? ¿Cómo puedes apoyar a alguien hoy?

Sé amable

*Antes sed benignos unos con otros, misericordiosos,
perdonándoos unos a otros, como Dios también os perdonó
a vosotros en Cristo.*
EFESIOS 4:32

Hace poco, estaba en la fila del supermercado justo cuando un joven con parálisis cerebral se acercaba al mostrador en una silla de ruedas motorizada. Durante los minutos siguientes, observé cómo el cajero ayudaba pacientemente al hombre a comprar una bebida, inclinándose para entender su balbuceo.

A pesar de que el hombre tenía problemas para completar los pasos de la compra, los demás clientes permanecieron tranquilos e incluso lo ayudaron a sacar su billetera para pagar. Cuando la compra se completó, el cajero fue más allá, vertiendo la bebida del hombre en su vaso aislante. «¡Que tengan todos un buen día!», deseó el hombre mientras se alejaba en su silla de ruedas.

La situación me conmovió. Me recordó la bondad de Dios al salvarme cuando no podía hacer nada por mí misma. Cuando mostramos bondad a los demás, no solo nos convertimos en una bendición para nuestro prójimo, sino que también reflejamos el carácter de nuestro Dios compasivo. ¡Esa es una gran razón para ser amables hoy!

Declarar mi alabanza
Carolyn

Todo lo que respira alabe a JAH. Aleluya.
Salmos 150:6

Una tarde de verano, después de disfrutar de una maravillosa cena y de un dulce momento de comunión con un grupo de amigos, mi esposo y yo unimos nuestras voces con otras ocho personas. Entonamos la doxología frente a la puerta de entrada del restaurante.

Alabado sea Dios, de quien fluyen todas las bendiciones.
Alábenlo, todas las criaturas aquí abajo.
Alábenlo arriba, huestes celestiales.
Alabado sea el Padre, el Hijo y el Espíritu Santo.

Estas palabras familiares, escritas por Thomas Ken, componen uno de los himnos más cantados de todos los tiempos. La canción nos recuerda que todas las bendiciones y los buenos dones proceden de Dios. La doxología se ha convertido en uno de los himnos favoritos de mi familia para cantar en reuniones y festividades.

Esa noche, después de cantar, los transeúntes nos preguntaron si éramos un coro, y amablemente contestamos que no. ¡Sencillamente no podíamos contener nuestra alabanza! Desde aquella noche, dos de esos hombres, incluido mi esposo, han partido con el Señor, pero este dulce recuerdo permanece. Mientras tengamos aliento, que Dios nos encuentre fieles para darle la alabanza que merece.

Dios fiel

Suzanne

Si fuéremos infieles, él permanece fiel;
Él no puede negarse a sí mismo.
2 Timoteo 2:13

Entender la fidelidad de Dios puede resultar difícil a veces porque es contraria al modo en que los humanos la expresamos. El compromiso de Dios con sus promesas es una parte integral de su carácter. Es imposible que Él sea otra cosa que fiel.

El compositor de himnos, Thomas Chisholm, lo expresó de una manera hermosa en su famosa composición: «Grande es tu fidelidad, oh Dios mi Padre / No hay sombra de cambio en Ti / Tú no cambias, tus compasiones nunca fallan / Como has sido, siempre serás».

La mayor verdad es, quizás, que la fidelidad de Dios no depende de mis acciones. Puedo pensar en muchas ocasiones en las que he sido infiel: he incumplido una promesa, no he confiado en Dios o he desobedecido sus mandamientos. Sin embargo, aunque yo falle en creer, el carácter de Dios permanece inmutable. Al darme cuenta de esta verdad tan importante, soy liberada para descansar en su carácter y confiar en su obra para mi vida.

Pedir sabiduría

— Suzanne —

Y si alguno de vosotros tiene falta de sabiduría, pídala a Dios, el cual da a todos abundantemente y sin reproche, y le será dada.
Santiago 1:5

¿Alguna vez has sentido que no sabías qué hacer? Tal vez te encontraste en medio de una relación difícil o necesitabas orientación sobre aceptar un nuevo trabajo o no. Quizás te enfrentaste a dos grandes opciones y tenías que elegir entre ellas.

Dios nos invita a pedir sabiduría. No nos condena por lo que no sabemos ni retiene su sabiduría cuando la necesitamos desesperadamente. ¡Al contrario! Cuando pedimos sabiduría, Él la da con generosidad y sin reproches.

Aunque buscar el consejo de una amiga o familiar sabia puede ser nuestra primera inclinación, Dios nos señala que podemos acudir directamente a Él, la fuente misma de la sabiduría. Cualquiera que sea la situación que estés afrontando hoy, por difícil que parezca encontrar una solución, Dios promete darte sabiduría cuando se la pidas. ¿Qué esperas?

Sudario doblado
Carolyn

Y el sudario, que había estado sobre la cabeza de Jesús,
no puesto con los lienzos, sino enrollado en un lugar aparte.
Juan 20:7

Cuando Pedro y Juan llegaron al sepulcro vacío aquella primera mañana de Pascua, se encontraron con una escena asombrosa. Dentro del sepulcro vieron las vendas funerarias tiradas a un lado, mientras que el sudario que había cubierto el rostro de Jesús estaba doblado cuidadosamente en la cabecera de la tumba de piedra.

En la cultura judía, un sirviente preparaba la mesa de su amo y observaba, normalmente fuera de la vista, mientras su amo comía. Cuando el amo terminaba, dejaba una servilleta arrugada en la mesa, y esto significaba: «He terminado». Entonces, el sirviente podía venir y recoger la mesa. Sin embargo, si el amo doblaba la servilleta y la dejaba en la mesa, significaba: «No he terminado todavía. ¡Ahora vuelvo!».

Al parecer, Jesús dejó un mensaje de esperanza para sus discípulos y para todos los creyentes en esa mañana de resurrección. Jesús vino como nuestro Salvador resucitado, pero regresará como Juez y Rey. ¡Jesús viene otra vez!

El mayor tesoro

— Suzanne —

*Así os digo que hay gozo delante de los ángeles de Dios
por un pecador que se arrepiente.*
Lucas 15:10

Recuerdo una salida de compras navideñas con mi tía Carolyn y mi prima Melissa, cuando era niña. Al final de un divertido día de compras, Melissa se dio cuenta de que había dejado un billete de veinte dólares en el baño del centro comercial. Nuestros corazones se encogieron. Había pasado casi una hora. Seguramente el dinero ya no estaría allí. Pero cuando regresamos a buscarlo, el billete seguía allí, sobre el dispensador de papel higiénico. ¡Qué alegría y qué alivio tan grandes sentimos todas!

Jesús contó una parábola sobre una mujer que tenía diez monedas de plata y perdió una. La mujer encendió una lámpara, barrió la casa y buscó diligentemente hasta encontrar la moneda perdida. Luego reunió a sus amigas y vecinas para regocijarse. Jesús explicó que cuando un pecador se arrepiente, hay un gozo similar en el cielo.

Cuando Dios atrae a un pecador hacia Él, ese acontecimiento ciertamente merece gozo y celebración. ¡Es una victoria celestial digna de alabanza!

Paciencia en el proceso

―― *Suzanne* ――

*No nos cansemos, pues, de hacer bien;
porque a su tiempo segaremos, si no desmayamos.*
Gálatas 6:9

La siembra y la cosecha eran temas muy familiares para las personas del Medio Oriente en el siglo I. Quizás por eso, el apóstol Pablo usó a menudo la analogía de la agricultura para describir asuntos de fe. Así como lo es vivir para Jesús, la agricultura también es un proceso: hay una temporada para sembrar, una temporada para permitir que las semillas crezcan y otra para cosechar.

Vivimos en un mundo que ama los resultados instantáneos, o casi instantáneos, pero vivir una vida de obediencia a Cristo a menudo requiere perseverancia para ver la cosecha. De hecho, a veces puede que ni siquiera veamos lo que nuestras buenas obras han logrado de este lado del cielo. Aun así, la Palabra de Dios nos anima a continuar haciendo el bien sin desanimarnos.

Piensa en una situación en tu vida que requiere perseverancia. Pide a Dios que te dé la fortaleza para seguir adelante mientras confías en la promesa divina de la cosecha venidera.

Elegir dar las gracias
Carolyn

Dad gracias en todo, porque esta es la voluntad
de Dios para con vosotros en Cristo Jesús.
1 Tesalonicenses 5:18

Dar gracias tras la muerte de mi esposo y mi madre fue un desafío emocional. Pero, como ellos eran creyentes, tengo la esperanza segura de un futuro reencuentro en el cielo. Desde esa pérdida, Dios, mi protector y proveedor, ha ministrado mis necesidades emocionales, físicas y espirituales cada día. Mis debilidades se han convertido en fortalezas al confiar en su guía y sentir su amoroso cuidado.

Mientras continúo en este viaje de vida, debo recordar que no estoy sola. Dios ha prometido no dejarme ni abandonarme nunca. Él es mi compañero constante y fiel. Mi fe está creciendo, y encuentro consuelo y paz en Él y en su preciosa Palabra.

He descubierto que, al elegir dar gracias en todo, no hay espacio para quejas ni para decepciones persistentes. El plan de Dios se convierte en mi plan, y anticipo con gran alegría la vida abundante que Él tiene reservada para mí. Para mí, elegir la gratitud ha sido un momento decisivo.

Defectos borrados

Suzanne

*Cuanto está lejos el oriente del occidente,
hizo alejar de nosotros nuestras rebeliones.*
Salmos 103:12

Una noche entré en la habitación de mi hija de ocho años, que estaba sentada en su cama con la cabeza baja. Unos minutos antes, había juzgado apresuradamente una disputa entre mis hijos y la había reprendido por algo que no había hecho. Me sentí fatal.

Me senté en la cama, junto a ella y le pedí perdón. Le expliqué que había pecado al enojarme tanto y le pedí disculpas por mis duras palabras. Ella me perdonó, pero por dentro me sentía condenada. No era la primera vez que perdía la paciencia, y sabía que no sería la última.

El salmista ofrece esperanza al describir la forma tan completa en que Dios perdona nuestros pecados. Ya sea un momento pasajero de egoísmo o la violación de uno de los «no cometerás…», ningún pecado es demasiado grande para ser totalmente perdonado por Dios por medio de la sangre de Cristo Jesús. Como humana, sé que fallaré, pero Dios, en su misericordia, elimina toda evidencia de mis pecados. ¡Alabado sea Él!

Buscar con todo mi corazón
Suzanne

Y me buscaréis y me hallaréis,
porque me buscaréis de todo vuestro corazón.
Jeremías 29:13

La Biblia está llena de las promesas de Dios, pero esta pequeña gema del libro de Jeremías es una de las más dulces que he encontrado: «Me buscaréis y me hallaréis». ¡Dios puede ser hallado! No es un relojero cósmico que se mantiene a distancia sin preocuparse por lo que sucede en la vida del ser humano. Él quiere estar involucrado personalmente en nuestra vida.

La promesa de encontrar a Dios está condicionada por la segunda parte del versículo: «cuando me busquéis de todo vuestro corazón». Dios conoce nuestra tendencia a tener corazones divididos. Es tan fácil buscar satisfacción en las cosas del mundo. Pero Dios nos pide que vayamos a Él primero, con todo nuestro corazón, proclamando que deseamos lo que solo Él puede dar. Al hacerlo, lo encontraremos cerca, listo para proveer todo lo que necesitamos. Esa es una promesa que necesito recordar cada día.

Citas divinas
Carolyn

*Y les dijo: Id por todo el mundo
y predicad el evangelio a toda criatura.*
Marcos 16:15

Conozco a una viuda que comparte su fe a diario utilizando pulseras evangelísticas y folletos. Ella llama «citas divinas» a las personas con las que se encuentra y conversa. Estas «citas» son personas que Dios ha preparado para escuchar la verdad sobre la gracia salvadora de Jesús a través de mi fiel amiga. Los destinatarios de las buenas nuevas son muy variados: una cajera, un desconocido en un restaurante o alguien que pasea cerca de su hogar.

Aquellos de nosotros que hemos aceptado el regalo personal de la salvación de Cristo ya hemos experimentado esa «cita divina», tal vez a través de un creyente obediente que siguió el mandato de Cristo de predicar el evangelio.

Ahora estamos capacitados para compartir el sencillo plan de salvación con otros. Podemos hablarles de la invitación de Dios: admitir su pecado, arrepentirse y creer en Jesús, el Hijo de Dios, quien nació de una virgen, murió sacrificialmente, fue sepultado y resucitó. Igual que nosotros, ellos también pueden invocar el nombre del Señor y aceptar el regalo gratuito de salvación y vida eterna a través de la fe en Dios. Nuestro mundo necesita esta esperanza con desesperación. Pide al Señor que te muestre las «citas divinas» que tiene para ti hoy.

Hallar la paz

Suzanne

Por nada estéis afanosos, sino sean conocidas vuestras peticiones delante de Dios en toda oración y ruego, con acción de gracias. Y la paz de Dios, que sobrepasa todo entendimiento, guardará vuestros corazones y vuestros pensamientos en Cristo Jesús.
Filipenses 4:6-7

Permanezco despierta bien pasada la medianoche, con las preocupaciones del día rondando en mi mente ansiosa. ¿Cómo podría resolver todos los problemas que tengo delante? Las tensiones financieras, las decisiones sobre la educación de mis hijos y las preocupaciones de salud amenazan con abrumarme.

He oído decir: «La preocupación es como una mecedora; te da algo que hacer, pero nunca te lleva a ningún lado». Cuando me quedo atrapada en la mecedora de la preocupación, me enfoco en mis temores en lugar de en la provisión de Dios.

Estos versículos ofrecen el antídoto para la preocupación: oración y agradecimiento. Cuando derramo mis cargas ante Dios, Él interviene con recursos ilimitados para ayudarme y al agradecerle por lo que ya ha hecho, abre mis ojos a su cuidado tierno. La próxima vez que te encuentres balanceándote en esa mecedora de la preocupación, comienza con la oración y el agradecimiento. Luego, confía en que Dios te proveerá su perfecta paz.

La corrección amorosa de Dios
Suzanne

Porque el Señor al que ama, disciplina,
y azota a todo el que recibe por hijo.
Hebreos 12:6

Un día, mi hija que cursa tercer grado vino eliminar y me contó una mentira obvia. Yo tenía información que contradecía completamente su falsedad. Cuando la enfrenté, se mostró nerviosa y avergonzada y frustrada, bajó la mirada. «Sadie», le dije, «Dios te ama. Por eso permitió que te descubrieran. Él sabe que las mentiras son una trampa, y quiere que siempre digas la verdad».

Mi hija asintió con la cabeza y se acercó para darme un abrazo.

Mucho más adelante en mi camino de fe entendí que ser «descubierto» en pecado es una misericordia del Señor. La exposición del pecado a menudo inicia el proceso de arrepentimiento y sanidad. La corrección de Dios en mi vida es una evidencia de su amor por mí y de su deseo de que disfrute las bendiciones que provienen de una vida recta. Aunque esta corrección puede ser dolorosa en el momento, siempre puedo correr hacia los brazos de mi amoroso Padre, sabiendo que seré bienvenida.

FE CIEGA
Carolyn

Porque por fe andamos, no por vista.
2 CORINTIOS 5:7

Tengo una dulce hermana en el Señor ciega de nacimiento. A lo largo de su vida ha demostrado una fe inquebrantable en Dios y en los demás. Espera con gran anticipación el día en que recupere la vista, sabiendo que el primer rostro que verá será el de Jesús.

He tenido el privilegio de «ser sus ojos», guiándola por tiendas, restaurantes y por la iglesia, mientras ella simplemente se aferra a mi brazo y escucha mi voz. Cada vez que se abrocha el cinturón de seguridad en mi automóvil, tiene fe en que la llevaré a su destino de manera segura. Aunque carece de vista, mi amiga nunca se ha rendido; su fe en Dios se fortalece a diario.

Como creyente, anhelo tener una fe perdurable, que confíe plenamente en Dios, su palabra y sus promesas. Mi amiga es un hermoso ejemplo de confianza en Dios, incluso cuando no puedo ver cómo está obrando o cuando no entiendo sus movimientos. Como ella, espero con ansias el día en que veré a mi Salvador cara a cara y comprenderé cómo Él me guio tiernamente todo el tiempo.

Esforzarse por la unidad

Suzanne

*Por lo demás, hermanos, tened gozo, perfeccionaos,
consolaos, sed de un mismo sentir, y vivid en paz;
y el Dios de paz y de amor estará con vosotros.*
2 Corintios 13:11

Como esposa de un pastor, a menudo tengo una perspectiva privilegiada de las divisiones entre creyentes. Las iglesias, llenas de pecadores imperfectos, se enfrentan de manera inevitable a conflictos. A veces, estos desacuerdos pueden volverse muy difíciles. Sin embargo, en su despedida a la iglesia en Corinto, Pablo enfatizó la paz, el consuelo y la unidad.

Estas metas no son un sueño imposible. A medida que buscamos estas cosas, Dios camina a nuestro lado, proveyendo su amor y su paz. Cuando surgen conflictos, puedo pedirle sabiduría para vivir en paz con otros cristianos. Esto no significa que no tendré que defender aquello en lo que creo o buscar la reconciliación bíblica con alguien en la familia de Dios. Pero el propósito de estas acciones siempre debe ser promover mayor paz y unidad entre los hermanos.

A veces, fomentar la unidad puede parecer una tarea abrumadora, pero es una labor que Dios promete bendecir.

Preparada para la batalla

Suzanne

Porque las armas de nuestra milicia no son carnales, sino poderosas en Dios para la destrucción de fortalezas.
2 Corintios 10:4

A mi esposo le encantan las películas de guerra. Se siente atraído por las historias de valor, valentía y hermandad. Hay algo muy inspirador en ver a los justos salir victoriosos.

La Escritura nos dice que, como creyentes, estamos en una batalla. Cuando las luchas comunes de la vida nos golpean, debemos recordar que hay un conflicto espiritual en marcha. Las defensas ordinarias, como nuestra fuerza, inteligencia o recursos, no bastarán para ganar esta batalla. En cambio, Dios nos equipa con sus armas poderosas, capaces de derribar fortalezas e, incluso, de traer nuestro pensamiento bajo su control.

Nuestro adversario, el diablo, no tiene oportunidad alguna contra las armas que Dios nos da. Además, ya sabemos quién gana esta batalla. Recuerda hoy que no luchas desarmado. Dios te ha provisto de todo lo necesario para pelear y vencer, incluida su presencia misma.

¡Ubicación, ubicación, ubicación!
Carolyn

En la casa de mi Padre muchas moradas hay; si así no fuera, yo os lo hubiera dicho; voy, pues, a preparar lugar para vosotros. Y si me fuere y os preparare lugar, vendré otra vez, y os tomaré a mí mismo, para que donde yo estoy, vosotros también estéis.
Juan 14:2-3

En el negocio inmobiliario se dice que el activo más importante de una propiedad es su ubicación. Las personas buscan vivir en buenos distritos escolares, cerca del trabajo, de los restaurantes deseados, parques y en lugares con poca criminalidad. Estas prioridades suelen superar el estilo, el diseño paisajístico o las comodidades.

De manera similar, tenemos una decisión crucial que tomar sobre nuestra ubicación eterna. Hay un lugar preparado tanto para quienes confían en Jesús como para aquellos que eligen seguir sus propios deseos y, en última instancia, al enemigo de Dios, Satanás. Estos dos destinos (el cielo y el infierno) son realidades claramente descritas en la Escritura.

Mi hogar futuro, que está siendo preparado con amor, está asegurado porque he confiado en Jesús como mi Salvador. En esta vida, valoramos mucho la ubicación, pero también debemos reflexionar sobre nuestro destino eterno. Al hacerlo, tendremos la motivación para compartir con otros cómo ellos también pueden experimentar la mejor ubicación de todas: la eternidad en la gloriosa presencia de Dios.

No temas

Suzanne

*No temas, porque yo estoy contigo; no desmayes,
porque yo soy tu Dios que te esfuerzo; siempre te ayudaré,
siempre te sustentaré con la diestra de mi justicia.*
Isaías 41:10

¿Cuáles son tus mayores miedos? Tal vez te preocupas por la salud y seguridad de tus seres queridos. Quizá temes lo que pueda suceder en el futuro. O tal vez las circunstancias fuera de tu control te llenan de temor. El miedo es un motivador poderoso en este mundo. Pero cuando permitimos que gobierne nuestro corazón y nuestra mente, perdemos de vista al Único que sostiene todas las cosas y tiene el poder de intervenir en cualquier situación.

Dios es más grande que nuestros temores. Sin importar cuán incierta sea la vida, Él tiene control soberano sobre todo. Podemos tener valor y esperanza porque Él mismo promete fortalecernos, ayudarnos y sostenernos.

Cualquiera que sea el miedo que te aprisiona hoy, recuerda quién es tu Dios. Él es lo suficientemente poderoso para manejar cada ansiedad y calmar tu corazón preocupado.

Un poema de amor
Carolyn

Mi amado habló, y me dijo:
Levántate, oh amiga mía, hermosa mía, y ven.
Cantares 2:10

Durante mis años universitarios, el profesor de inglés nos pidió que escribiéramos un poema sobre el amor. Si le gustaba, estaríamos exentos del examen final. Acepté el desafío y escribí un poema sobre mis sentimientos hacia mi novio de la secundaria (quien más tarde se convirtió en mi esposo). Este es un fragmento de «Su Amor» (que me ganó la exención):

> Dos personas encuentran unidad al estar juntas y compartir juntas.
> Cantan la misma melodía, pues su amor trae armonía a sus oídos.
> Cuando caminan, sus extremidades se mueven simultáneamente,
> sin perder el ritmo en la marcha del amor.
> Cuando sonríen, el mundo es perfecto.
> ¿Cómo puede el amor ser tan hermoso, único y especial?
> Su fuente es Dios, el Omnipotente.
> Pues Él fue el primero en amar, y en compartir su amor con otro.

En las Escrituras, Salomón y la doncella expresan su amor en un lenguaje poético, tal como mi poema transmitió el amor por mi amado. Dios es un romántico. Él es amor, y nos concede la capacidad de amar y ser amados por otros. Este es un reflejo hermoso de sus profundos sentimientos hacia nosotros.

Irá bien

Suzanne

*Y él es antes de todas las cosas,
y todas las cosas en él subsisten.*
Colosenses 1:17

«¿Qué crees que Dios no está sosteniendo en tu vida?». La pregunta de mi amiga me sorprendió. Le había estado contando algunas de las heridas y miedos que había adquirido durante un año tumultuoso lidiando con una pandemia global. Todo parecía estar fuera de lugar. Ella me recordó que, en medio de ese sentimiento, puedo tener esperanza porque sé *quién es el que sostiene todas las cosas*.

Eso no significa que la vida sea fácil. A veces, mis días parecen estar llenos de trampas de desánimo. Y estoy convencida de que una de las mayores mentiras de Satanás es: «No va a salir bien».

Creer en esa mentira hace que cuestionemos el carácter de Dios, y esto puede paralizar nuestro caminar con Él y robarnos el enfoque. ¡Pero nuestro Dios es un hacedor de milagros! Con Él, todas las cosas son posibles. Él lo vio «bien» y dijo: «Te ofrezco alegría eterna, una herencia gloriosa, amor incondicional y libertad de la preocupación».

Gracias, Señor, por dar a tus hijos vidas mejores que el simple «bien».

Tan solo espera

Suzanne

*Aguarda a Jehová; esfuérzate, y aliéntese tu corazón;
sí, espera a Jehová.*
SALMOS 27:14

¿Alguna vez te has sentido atascada? Como si estuvieras esperando que algo sucediera. Eso puede hacer que te sientas inquieta, nerviosa y ansiosa.

Sin embargo, esperar es una disciplina espiritual que tiene recompensa. Las Escrituras señalan que el Señor es bueno con aquellos que esperan en Él (Lamentaciones 3:25). Hay consuelo y crecimiento en ese lugar de expectativa. Muchas veces, lucho por dejar de lado mi propio cronograma o someter al Señor aquello que desearía que sucediera y, simplemente, confiar. Solo que en ese lugar de espera es donde suceden las cosas buenas.

Si hoy te sientes lista para moverte, pero te falta impulso, espera. Espera y ve lo que Dios va a hacer. Descansa en su bondad, permite que su espíritu te traiga consuelo y espera con gran expectación lo que Él hará a continuación. Ten buen ánimo. Permítele fortalecer tu corazón. Su tiempo siempre es perfecto.

Cruces cotidianas

— Suzanne —

Entonces Jesús dijo a sus discípulos: Si alguno quiere venir en pos de mí, niéguese a sí mismo, y tome su cruz, y sígame.
Mateo 16:24

A veces, la obediencia a Cristo no es fácil. No siempre sienta bien ni es siempre atractiva. A veces, dar el siguiente paso requiere apretar los dientes, cavar profundamente y hacer, sin más, lo que sabes que Él te está pidiendo que hagas.

Jesús me pide que me niegue a mí misma, que tome mi cruz y que lo siga. Suena duro. Es difícil hacerlo y aceptar las cargas que puede acarrear. Y, sin embargo, cuando siento en mi corazón ese tirón de que debo hacer algo, ceder es lo único que me trae paz duradera y una profunda satisfacción del alma. Dar ese paso de obediencia.

En el momento puede no sentirse bien, pero en el panorama general, la obediencia es el camino correcto y la única forma de experimentar la alegría que viene de una relación constante con mi salvador. ¿Qué cruz te está pidiendo Jesús que tomes por su gloria hoy? ¿Cómo puedes practicar la obediencia y someterte más a Él?

Cristiana convencida de pecado
Carolyn

*Porque no me avergüenzo del evangelio, porque
es poder de Dios para salvación a todo aquel que cree;
al judío primeramente, y también al griego.*
ROMANOS 1:16

Querida hermana en Cristo, si estuvieras en juicio por tu fe, ¿serías condenada y declarada culpable? ¿Es tu fe audaz e inquebrantable, tan atractiva para los demás que quieren saber qué te proporciona tanto amor, gozo y paz? ¡Espero que sí!

Entre todas las personas de la tierra, ¿cómo nos reconocen como cristianos? Dos rasgos únicos de un seguidor de Cristo mencionados por Jesús son mostrar amor (Juan 13:35) y producir fruto espiritual (Juan 15:5). Si realmente pertenecemos a Cristo, el evangelio impulsará nuestro amor y nuestras obras. Nuestro enfoque en la voluntad y los deseos de Dios aumentará, y nuestro enfoque en las pasiones mundanas y las distracciones del enemigo disminuirá.

Por consiguiente, ¡sé firme! Estate alerta y lista para compartir el evangelio, incluso hasta tu último aliento. ¡Qué gloriosas recompensas esperan al creyente fiel!

Amor infalible

Suzanne

*Por la misericordia de Jehová no hemos sido consumidos,
porque nunca decayeron sus misericordias.
Nuevas son cada mañana; grande es tu fidelidad.*
Lamentaciones 3:22-23

Estas palabras de Lamentaciones se escribieron durante un momento verdaderamente malo en la historia de Israel. Jerusalén yacía en ruinas. Mientras el profeta Jeremías caminaba por sus calles, lo único que podía ver era dolor, sufrimiento y destrucción. Puede que no haya experimentado una destrucción de esta magnitud en mi vida, pero ciertamente me identifico con el sentimiento de dolor y pérdida que Jeremías sintió.

El profeta era muy consciente de que las cosas no debían ser así. Y, sin embargo, tenía esperanza. ¿Por qué? Porque al margen de lo mal que se pongan las cosas o de lo grandes que sean nuestros errores o de las decepciones que causemos a otros, la misericordia y el amor de Dios nunca fallan. Vienen a nosotros de forma gratuita una y otra vez, como el alba de la mañana.

En nuestros momentos más oscuros, el amor de Dios se abre paso. Descansa en esa verdad hoy. Sus planes prevalecerán porque no dependen de ti, sino de su carácter, su fidelidad, su misericordia interminable y su amor inquebrantable.

Ojos en el premio
Suzanne

Prosigo a la meta, al premio del supremo llamamiento de Dios en Cristo Jesús.
FILIPENSES 3:14

Muchas veces, al comienzo del año, me he inscrito en el gimnasio con la intención de ponerme en forma. En una de esas ocasiones, decidí probar una clase de ejercicio en grupo que fue bastante desafiante para mí. Digamos que sentí la realidad de no haber hecho ejercicio en un tiempo.

Esa noche, mientras me quejaba con mi esposo sobre mi cadera dolorida, él me recordó que la incomodidad es natural. Cada vez que te esfuerzas por hacer algo a lo que no estás acostumbrada, al principio es incómodo, incluso doloroso. Piensa, por ejemplo, en despertarte temprano para leer la Biblia, orar con tu cónyuge, dejar el teléfono para interactuar con los presentes o mostrar hospitalidad.

He experimentado regularmente la incomodidad de esforzarme en estos y otros ámbitos. Pero a medida que avanzo hacia la meta que Dios ha puesto delante de mí, estas acciones se vuelven más naturales y empiezo a ver resultados. Así que sigue adelante hoy, aun sabiendo que lo «sentirás» más tarde. Eso que sientes es el progreso; el premio está por llegar.

Una sombra fugaz
Carolyn

Ciertamente sus días están determinados, y el número de sus meses está cerca de ti; le pusiste límites, de los cuales no pasará.
Job 14:5

Durante años, mi hijo menor cargó con la culpa por la repentina muerte de su padre. Normalmente, en aquel soleado día de octubre, mi hijo hubiera estado pintando con su papá y con el equipo, pero había hecho otros planes. Después de procesar el impacto que le produjo la noticia del ataque cardíaco, mi hijo se sintió culpable. Pensó que, si hubiera estado allí, podría haberle salvado la vida con maniobras de reanimación cardiopulmonar. Fue recientemente que las Escrituras y nuestra conversación lo ayudaron a sanar.

Las Escrituras revelan que la vida es corta y frágil, como una sombra fugaz. Dios, quien nos creó de manera tan asombrosa, nos conoce por dentro y por fuera. También sabe nuestro comienzo y nuestro final. Nuestros días en la tierra están determinados y numerados por Dios, y nadie puede cambiar su plan perfecto.

Si Dios quiere que tú o yo estemos con Él, ninguna intervención cambiará eso. La reanimación cardiopulmonar no habría cambiado el plan de Dios ese día. De hecho, veo su misericordia al proteger a mi hijo de presenciar la muerte de su padre y sentirse impotente de salvarlo. Dios nos ha traído sanación a ambos mientras elegimos confiar en su plan perfecto.

BUSCAR APROBACIÓN

Suzanne

*Pues, ¿busco ahora el favor de los hombres, o el de Dios?
¿O trato de agradar a los hombres? Pues si todavía agradara
a los hombres, no sería siervo de Cristo.*
GÁLATAS 1:10

Como mujer adulta, me ha sorprendido la frecuencia con la que me sigue afectando lo que los demás piensan de mí (o lo que creo que piensan). Puedo llegar a obsesionarme demasiado al basar mi valor como persona exclusivamente en cómo me tratan los demás, si se fijan en mí o si están contentos conmigo.

Parece que incluso el apóstol Pablo luchaba con la trampa de la aprobación: «¿Busco la aprobación de Dios o de los hombres?», pregunta.

Es una interrogante válida. Y hay mucho en juego. Cuando vivo para complacer a los demás, pierdo la oportunidad de ser una sierva entregada de Cristo. Pierdo oportunidades de hacer su voluntad porque estoy ocupada pensando en las opiniones de los demás. Cuando busco agradar solo a Dios, camino en la libertad y la gracia que Él tiene para mí. Y lo mejor de todo es que su aprobación no se puede perder nunca.

Amarse unos a otros

— Suzanne —

*Un mandamiento nuevo os doy: Que os améis unos
a otros; como yo os he amado, que también os améis unos
a otros. En esto conocerán todos que sois mis discípulos,
si tuviereis amor los unos con los otros.*
Juan 13:34-35

Hace unos años, mi hermana tomó unas fotos a mis hijas, dignas de enmarcar. Para entonces, tenían cinco y siete años. Después de un partido de fútbol, mi hija mayor, Sadie, abrazó a su hermana, Amelia, en un gesto de victoria. Si bien son dos niñas apasionadas y con opiniones fuertes que discuten y discrepan a diario, también se aman profundamente. Creo que es una buena representación de cómo se ve a veces el amor en la familia de Dios.

Aunque la Escritura nos señala que el amor es el rasgo distintivo de un discípulo, no siempre lo practico bien. Muy a menudo me dejo llevar por las diferencias de opinión, por mi egoísmo y hasta por mi orgullo. Pero estas cosas nunca deberían estar por encima del amor.

Jesús, ayúdame a amar bien a mis hermanas y hermanos. Recuérdame que todos somos parte de tu familia.

¿Fruto o frutos?
Carolyn

Mas el fruto del Espíritu es amor, gozo, paz, paciencia, benignidad, bondad, fe, mansedumbre, templanza; contra tales cosas no hay ley.
Gálatas 5:22-23

Solía preguntarme por qué este pasaje dice «el fruto del Espíritu *es*» en lugar de «los frutos del Espíritu *son*». Aunque se enumeran nueve virtudes diferentes, el verso parece describir un solo fruto. Una amiga compartió conmigo la analogía de una naranja. Aunque es un solo fruto, está compuesto de muchos gajos individuales unidos entre sí.

El Espíritu Santo nos ayuda a desarrollar un carácter cristiano. Al rendirnos a la voluntad de Dios y permitir que el Espíritu nos enseñe, podemos madurar y experimentar una vida fructífera. Cada virtud es digna de alcanzar y necesaria para completar el carácter cristiano. A medida que crecemos en gracia y mostramos la totalidad del fruto del Espíritu, podemos vencer nuestras tendencias carnales.

El amor, el gozo y la paz provienen de Dios. La paciencia, la benignidad y la bondad están dirigidas hacia los demás. Y la fe, la mansedumbre y el dominio propio son para nuestro beneficio. A medida que cultives el fruto del Espíritu, Dios te ayudará a vivir la vida abundante que tiene para ti.

Pensar mejor

Suzanne

Derribando argumentos y toda altivez que se levanta contra el conocimiento de Dios, y llevando cautivo todo pensamiento a la obediencia a Cristo.
2 Corintios 10:5

¿Alguna vez te sientes agobiada por la autocrítica? Tal vez permites que la preocupación te abrume. O quizá albergues pensamientos amargos, envidiosos o llenos de orgullo. Con demasiada frecuencia dejo que pensamientos erróneos se cuelen en mi mente y dicten cómo me siento y actúo.

Cuando dejo que mis pensamientos se desvíen en la dirección equivocada, desperdicio un tiempo que podría usar para amar y servir. Malgastar energía mental puede parecer inofensivo, pero una vida de pensamientos fuera de control interfiere con la obediencia. Puede hacerme espiritualmente insensible y hacerme perder oportunidades.

Vivir plenamente en tu caminar con Dios comienza con la obediencia en tu vida de pensamientos. Cuando sientas que tus pensamientos se desvían hacia un camino equivocado (preocupación, duda, envidia, amargura, odio) pídele a Dios que renueve tu mente (Romanos 12:2). Él será fiel en hacerlo. Y a medida que sustituyas los pensamientos erróneos con la verdad, tu vida mental será edificante y glorificará a Dios.

¡Puedes hacerlo!

—— *Suzanne* ——

*Porque no nos ha dado Dios espíritu de cobardía,
sino de poder, de amor y de dominio propio.*
2 Timoteo 1:7

Desde que mi tercera hija pudo hablar, ha estado proclamando: «¡Puedo hacerlo!».

Cuando tenía dos años, sus hermanos mayores acudían a ella para quitar una tapa de rosca o arreglar un juguete roto. Ahora tiene siete años, y el otro día se ofreció a prepararme una taza de café usando nuestra máquina de cápsulas instantáneas. Le advertí que el contenedor de crema estaba demasiado lleno, pero ella, con seguridad, replicó: «¡Puedo hacerlo, mamá!». Y lo hizo.

No estoy segura de dónde proviene el sentido de empoderamiento de mi hija, pero como hija de Dios, puedo vivir con una confianza similar. Dios no solo me equipa para cada tarea a la que me llama, sino que también reemplaza mi temor con poder, amor y dominio propio.

Al depender de Él, puedo decir con confianza: «¡Puedo hacerlo!», sin importar las circunstancias o la tarea que tenga frente a mí. No tengo que dudar de si soy capaz o no, porque sé de dónde vienen mi fortaleza y mi ayuda.

Una Navidad para recordar
Carolyn

Pero María guardaba todas estas cosas,
meditándolas en su corazón.
Lucas 2:19

Estar de parto en Nochebuena fue extraordinario. Mi esposo, Randy, y yo esperábamos que nuestro primer bebé naciera el día de Navidad y compartiera cumpleaños con Jesús. Melissa Christine nació a las 8:23 de la mañana de Navidad y luego nos la entregaron en un calcetín rojo navideño que preparó el personal de enfermería. ¡Qué regalo tan precioso!

Nuestras vidas cambiaron para siempre cuando nos convertimos en padres. Si bien a Randy y a mí nos separaban dos mil años de José y María, sin duda compartimos la misma maravilla y las emociones de ser padre y madre por primera vez. Desafiados por la increíble responsabilidad y llenos de una dimensión de amor que nunca habíamos sentido, aceptamos el regalo con asombro y gratitud.

La Navidad siempre ocupará un lugar especial en mi corazón, no solo como el día del nacimiento de mi Salvador, sino también como el día en que recibí uno de los mayores regalos de mi vida.

Belleza verdadera
Suzanne

Engañosa es la gracia, y vana la hermosura; la mujer que teme a Jehová, esa será alabada.
Proverbios 31:30

Vivimos en un mundo que celebra la belleza y la influencia. Como mujer, puedo sentir la tentación de creer que ser «hermosa» y recibir elogios me hará sentir más valiosa. Pero cuando he seguido ese camino, he llegado a darme cuenta de lo imperfecta que soy en realidad.

Mi piel tiene imperfecciones, mis dientes no son blancos resplandecientes, y unos kilos de más se aferran tercamente a mi cuerpo poco tonificado. Si dependiera de mi apariencia para sentirme significativa, me sentiría muy indigna. La buena noticia es que la Biblia afirma que mi valor como mujer no está basado en cómo me veo o en el favor que recibo de los demás. Mi valor se encuentra en temer al Señor, y la verdadera alabanza que perdura proviene de Él.

No hay nada de malo en querer lucir bien externamente. ¡Dios crea cosas hermosas! Pero como mujer, también necesito mantener mi búsqueda de belleza en perspectiva. Las cosas más atractivas sobre mí siempre serán aquellas que fluyan de mi relación con Dios.

Necesidad de descanso

―――― *Suzanne* ――――

Venid a mí todos los que estáis trabajados y cargados, y yo os haré descansar.
Mateo 11:28

Descanso. Todos lo necesitamos, pero ¡puede ser tan esquivo! Vivimos en un mundo que mide nuestro valor por nuestros logros. Ya sea cuidando de mi familia, sirviendo en la iglesia o cumpliendo en el trabajo, siento la presión de hacer más y hacerlo mejor. La ocupación se convierte en una insignia de honor mientras pienso: *Si estoy ocupada, debo de estar contribuyendo.*

Pero Dios no nos diseñó para estar contribuyendo todo el tiempo. Él ofreció a su pueblo, los israelitas, un día de descanso: el *sabbat* [sábado].

En el Nuevo Testamento, Jesús reiteró la idea del descanso cuando invitó a todos los que están cansados y cargados a venir a Él para encontrar reposo. A veces, esa oferta puede parecer inalcanzable, y, sin embargo, ahí está. No importa lo fatigada que estés, Dios te ofrece descanso hoy. Por cargada que estés, Él te ofrece alivio. Reducir la velocidad puede ser difícil, pero recuerda que ¡fuiste diseñada para descansar!

El arte de criar niños
Carolyn

Instruye al niño en su camino,
y aun cuando fuere viejo no se apartará de él.
PROVERBIOS 22:6

He leído que se «cría» ganado, pero se «educa» a los niños. El significado de esta última palabra es criar a un niño de manera específica hasta que esté completamente desarrollado. Los principios en los que mi esposo y yo basábamos nuestra crianza se encontraban en las Escrituras y en el ejemplo mostrado por Jesús.

Como padres, disfrutábamos pasar tiempo con nuestros hijos, construyendo una relación fuerte y de confianza con ellos. Durante ese tiempo precioso, conocimos sus intereses y sus talentos dados por Dios y les ayudamos a desarrollarlos. Hicimos nuestro mejor esfuerzo para modelar el amor por la palabra de Dios y respeto por su autoridad en nuestras vidas. Aunque no éramos padres perfectos, alabábamos, alentábamos y disciplinábamos a nuestros hijos con amor. Inculcar reverencia por el Señor ha equipado a nuestros hijos adultos para mostrar respeto y amabilidad hacia los demás y glorificar a Dios. Descubrí que la tarea de educar a nuestros hijos fue un gran privilegio y una gran responsabilidad. La temporada de crianza es temporal, pero el fruto de la paternidad es eterno.

Cristo predicado de todas las maneras

Los unos anuncian a Cristo por contención, no sinceramente, pensando añadir aflicción a mis prisiones; pero los otros por amor, sabiendo que estoy puesto para la defensa del evangelio. ¿Qué, pues? Que no obstante, de todas maneras, o por pretexto o por verdad, Cristo es anunciado; y en esto me gozo, y me gozaré aún.
FILIPENSES 1:16-18

Predicar el evangelio de Jesús no siempre es fácil. Ya sea por desacuerdos en la iglesia o por divisiones políticas, toda la tensión del mundo puede hacer que nuestra misión parezca imposible. Sin embargo, no necesitamos hacerlo todo a la perfección para que el evangelio de Jesús se abra camino y transforme vidas.

Pablo escribió las palabras de Filipenses mientras estaba en prisión. Incluso en ese lugar de impotencia, enfatizó que Dios usa a personas imperfectas con motivos imperfectos para difundir el mensaje de esperanza y restauración de Cristo.

Donde haya personas, siempre habrá complicaciones. Pero puedo confiar en que Él obrará a través de los tiempos difíciles y de personas imperfectas para cumplir sus propósitos. Y me puedo regocijar porque, de «todas las maneras», Cristo está siendo predicado.

Un cuerpo mejor

Suzanne

*Mas ahora Dios ha colocado los miembros cada uno
de ellos en el cuerpo, como él quiso. Porque si todos fueran
un solo miembro, ¿dónde estaría el cuerpo? Pero ahora
son muchos los miembros, pero el cuerpo es uno solo.*
1 Corintios 12:18-20

¿Cómo trabajas con otros creyentes? El apóstol Pablo comparó la familia de Dios, la iglesia, con un cuerpo físico. Cada persona es como una parte diferente del cuerpo, pero todas están controladas por el mismo Espíritu. Esto derriba barreras, elimina etiquetas y permite que individuos extremadamente distintos entre sí tengan un vínculo asombroso a través de la fe en Cristo.

Hemos sido llamadas a cooperar, no a competir, utilizando los dones que Dios nos ha dado. Cuando lo hacemos, participamos en algo hermoso y extraordinario. ¡Eres indispensable! Y juntas podemos lograr más de lo que podríamos por separado.

Recuerda esa verdad hoy y pide a Dios que te muestre cómo participar en su cuerpo de acuerdo con el diseño que Él tiene para ti. Él revelará los roles específicos y las tareas que ha preparado para que los cumplas.

Volver a casa
Carolyn

Te dé conforme al deseo de tu corazón,
y cumpla todo tu consejo.
Salmos 20:4

«Nos estamos mudando de regreso a casa para estar cerca de ti».

Esas palabras de mi hijo me llenaron de lágrimas y colmaron mi corazón de gratitud. La noticia fue una sorpresa para mí, pero no para Dios. Después de años viviendo en otro estado, mi hijo y su esposa se mudaban de vuelta a Ohio, a la ciudad donde habían crecido. Dios había puesto todas las piezas en su lugar para que pudieran hacerlo.

Mi traducción favorita de Salmos 20:4 dice: «Que te conceda el deseo de tu corazón y cumpla todos tus planes» (NVI). ¡Qué bendición saber que el Señor se preocupa por los deseos de nuestro corazón! A medida que busco someter mis deseos a su voluntad para mi vida, descubro que mis planes encajan de forma natural y en armonía con los suyos. Y como la inesperada buena noticia del regreso de mi hijo a casa, la provisión perfecta de Dios suele ser mejor de lo que habría podido imaginar.

Cuidado urgente del alma

Suzanne

*Él sana a los quebrantados de corazón,
y venda sus heridas.*
Salmos 147:3

Había sido una semana de cursiva. Todo parecía salir mal. Estaba cansada y estresada. Estaba emocionalmente baja. Necesitaba la paz de Dios. Con urgencia.

A veces sé que estoy permitiendo que el enemigo gane terreno, ya sea en momentos de crianza, durante luchas en las relaciones, o permitiendo que mentiras errantes echen raíces, pero me siento impotente para detenerlo. Puedo perder de vista el objetivo, que no es que yo sea feliz y esté cómoda, sino que Dios sea glorificado a través de cada pensamiento, actitud, palabra y acción.

Cuando estoy en ese lugar, Dios puede hacer cosas asombrosas. Y la mejor parte es que Él está justo allí conmigo. Cuando me acerco a Él hecha polvo, Él realiza un triaje y luego gestiona el cuidado de mi alma a largo plazo.

La costa es uno de mis lugares favoritos para visitar cuando estoy abrumada. Un océano rugiente es un gran lugar para recuperar la perspectiva. El poder de Dios es innegable, y ese Dios poderoso está contigo en cada paso del camino.

En construcción
Suzanne

Digo, pues: Andad en el Espíritu,
y no satisfagáis los deseos de la carne.
GÁLATAS 5:16

Cuando era niña, cantaba una canción que comenzaba así: «Él aún está trabajando en mí, para hacer de mí lo que debo ser...». ¿Acaso no es cierto que así es la vida? Por más que quiera creer que mi vida cristiana resuelta, me encuentro tropezando con cosas que ya debería haber superado.

Pablo habla de cómo los deseos de la carne se oponen al Espíritu. Los dos están en constante oposición, y el pecado puede impedirnos hacer lo que sabemos que es correcto. Los celos, la ira, la idolatría, el odio, las contiendas y más características desagradables amenazan la obra que Dios quiere hacer en nuestras vidas.

Para combatir estas tendencias impías, debemos caminar en el Espíritu (versículo 25). Entonces, el fruto del Espíritu que se desarrolla en nuestras vidas desplazará todo lo demás. ¡Dale gracias a Dios hoy porque sigue trabajando en ti, produciendo el fruto de la justicia mientras caminas con Él!

DE LAS TINIEBLAS A LA LUZ
Carolyn

Otra vez Jesús les habló, diciendo:
Yo soy la luz del mundo; el que me sigue, no andará
en tinieblas, sino que tendrá la luz de la vida.
JUAN 8:12

Hace muchos años, fui a practicar espeleología. ¡Qué aventura tan divertida explorar cuevas! Llevábamos cascos con linternas en la cabeza mientras nos adentrábamos en la profundidad de la cueva oscura. Nuestro guía nos condujo a un área amplia y abierta, y nos indicó que apagáramos las luces de nuestros cascos.

Estar de pie en total oscuridad fue una experiencia inolvidable. Entonces, nuestro guía encendió una vela, una sola luz en medio de la oscuridad. La luz brilló intensamente, iluminando el camino a seguir.

Jesús venció la muerte y las tinieblas del pecado a través de su resurrección. La «Luz del mundo» triunfó para siempre sobre su enemigo, Satanás. Gracias a esa victoria, nuestro Salvador viviente ofrece vida eterna a todos los que creen en Él. Y al acercarnos al precioso Dador de luz, nunca caminaremos en tinieblas.

Gloria en la debilidad

Suzanne

Y me ha dicho: Bástate mi gracia;
porque mi poder se perfecciona en la debilidad. Por tanto,
de buena gana me gloriaré más bien en mis debilidades,
para que repose sobre mí el poder de Cristo.
2 Corintios 12:9

Nada me ha mostrado mis debilidades más que ser mamá. Muchos días siento que todos están corriendo en diferentes direcciones, poniendo a prueba mis límites (¡y mi cordura!). Ser mamá es la emoción de la victoria y la agonía de la derrota a partes iguales, a veces en un lapso de cinco minutos.

Un minuto estoy teniendo una conversación edificante con uno de mis hijos, y al siguiente me estoy escondiendo en el baño mientras él golpea la puerta para entrar. Incluso en los días difíciles, no tengo duda de que Dios sigue usándome.

Él me está ofreciendo gracia y mostrando su poder a través de mi debilidad. Ya sea criando hijos, lidiando con el estrés del trabajo, trabajando en una relación difícil o atravesando un desafío de salud, ¡la gracia de Dios es suficiente! Puedes gloriarte en tu debilidad, sabiendo que su fuerte poder descansa sobre ti.

Planes firmes

Suzanne

El consejo de Jehová permanecerá para siempre;
los pensamientos de su corazón por todas las generaciones.
Salmos 33:11

Hace unos años tuve la oportunidad de visitar Boston y ver algunos de sus sitios históricos. Uno de esos lugares fue la casa de Paul Revere, donde él y su familia vivieron durante la Revolución Americana. Construida en 1680, es la casa más antigua de Boston. Más del 80 % de la estructura es original.

Un edificio que ha permanecido en pie durante más de tres siglos se considera una maravilla en este país relativamente joven. ¡Pero cuánto más maravilloso es que los planes del Señor permanecen para siempre! Cuando el mundo parece estar enloqueciendo, podemos consolarnos en el hecho de que sus propósitos y su corazón por su pueblo perduran a través de todas las generaciones.

Mientras caminaba por la casa de Paul Revere, con sus pisos inclinados y chirriantes, recordé que, a diferencia de nuestras creaciones humanas, la obra de Dios no se degrada ni se descompone. Sus planes y sus propósitos se mantienen firmes, independientemente de nuestras circunstancias externas. Además, sus sentimientos por nosotros nunca cambian.

Jardín eterno
Carolyn

... y su alma será como huerto de riego.
Jeremías 31:12

Cuando el jardinero planta una semilla en su jardín, la coloca en el oscuro y húmedo suelo. La semilla desarrolla raíces que comienzan a extenderse hacia abajo, buscando nutrientes para satisfacer su hambre. Las raíces estabilizan la posición de la semilla y proporcionan sustento.

Rodeada por la fría tierra, la semilla siente un calor increíble que penetra su entorno. Anhelando la fuente de ese calor, la semilla se estira hacia arriba. Rompe la superficie y llega a la luz del sol, que produce la energía necesaria para su crecimiento.

Antes de que la semilla pueda secarse y marchitarse, el jardinero riega el jardín, bañando la tierra y saciando la sed de la semilla. Crecer no es fácil. La semilla puede enfrentarse a inundaciones, sequías, insectos, plagas y malas hierbas que quieren estrangular su vida. La tarea del jardinero consiste en ocuparse de cada una de sus necesidades. Finalmente, la semilla madura por completo, convirtiéndose en una planta agradable a la vista y que cumple su propósito.

¿Estás plantando semillas y cultivando almas? ¿Estás creciendo bajo el cuidado del Maestro Jardinero?

El versículo más triste

Suzanne

En aquellos días no había rey en Israel;
cada uno hacía lo que bien le parecía.
JUECES 17:6

Alguien me comentó una vez que Jueces 17:6 era el versículo más triste de la Biblia. Aunque puede haber otros buenos candidatos, tiendo a estar de acuerdo. Ver cómo las personas abandonan por completo la autoridad de Dios y se entregan a la anarquía es algo trágico. La verdad es que, cuando nos alejamos de la palabra de Dios y vivimos según nuestros propios deseos, los resultados son devastadores.

En nuestro mundo moderno, el impulso de hacer lo que nos parece correcto es más fuerte que nunca. Los absolutos morales han sido abandonados en favor de hacer lo que «se siente bien» y de vivir «mi verdad». Pero confiar en nuestras propias brújulas morales, apartados de Dios y de su Espíritu, conduce a la destrucción.

¿Estás viviendo según lo que es correcto a tus propios ojos? No cometas el mismo error trágico que los israelitas en la época de los jueces. Vivir bajo la autoridad de Cristo es la única manera de experimentar verdadera libertad, esperanza y paz.

Mostrar hospitalidad

— Suzanne —

Hospedaos los unos a los otros sin murmuraciones.
1 Pedro 4:9

Mi niñera habitual, Carol, es un gran ejemplo de alguien que practica la hospitalidad. Un día, llegué a casa del trabajo y me dijo:

—Jeff dejó ese paquete.

—¿Jeff? —pregunté.

—El cartero —respondió—. Jeff.

Me sentí mal. Había visto a un hombre repartiendo cartas en las casillas de metal en una calle cercana, pero nunca le había preguntado su nombre.

Otro día, mientras Carol estaba a cargo, vino un reparador a arreglar nuestro fregadero:

—¡Me habló de su bebé de una semana y me mostró fotos! —me dijo—. ¡Fue tan tierno!

La Escritura habla de la hospitalidad como una de las marcas de un cristiano. A veces pensamos en esta característica como invitar a alguien a cenar o a quedarse como huésped. No obstante, la hospitalidad también es una actitud. La mostramos cuando hacemos que las personas se sientan bienvenidas y valoradas. La mostramos cuando nos tomamos el tiempo de aprender el nombre de alguien o hacerle una pregunta. La hospitalidad sin quejas hace que todos se sientan invitados.

Para esta hora
Carolyn

¿Y quién sabe si para esta hora has llegado al reino?
ESTER 4:14

Siempre me ha fascinado la historia de Ester, una joven judía que vivió en Persia durante el exilio de los hebreos. Tras ganar un concurso de belleza y convertirse en reina, Ester usó su voz para lograr la liberación de los judíos.

Antes de tomar su valiente paso de fe, Ester ayunó y oró. Luego se acercó al rey Asuero, arriesgando su propia vida para salvar a su pueblo. Gracias al valor de Ester, el malvado complot de Amán para aniquilar a los judíos fracasó.

En mi vida, quizá nunca llegue a ser una heroína como Ester, pero puedo usar mi voz. A través de conversaciones y escritos, busco dirigir los corazones y las mentes de otros hacia una relación personal y plena con un Dios amoroso. Cuando siento que me falta el valor, es cuando oro pidiendo fortaleza adicional. ¿Cómo te está llamando Dios a usar la voz hoy? No te quedes en silencio. Dios te tiene aquí «para esta hora».

A TODO COLOR
Suzanne

Si bien todos nosotros somos como suciedad,
y todas nuestras justicias como trapo de inmundicia;
y caímos todos nosotros como la hoja, y nuestras maldades
nos llevaron como viento.
Isaías 64:6

Un día en la iglesia, en el salón de clases para niños de dos años, los pequeños estaban ocupados coloreando un dibujo de Moisés. Cada niño tenía su propia bolsita de crayones grandes. De repente, se desató un alboroto. «¡Oye!», gritó una niña, «¡Este no funciona!».

Miré hacia abajo y vi que estaba garabateando en la hoja blanca con un crayón blanco. Todos los demás niños la imitaron, probando sus propios crayones blancos. El caos no cesó hasta que se recogieron todos los crayones «defectuosos».

Esto me hizo reflexionar sobre las veces en que he estado coloreando en la vida con un crayón inútil. ¿Cuántas veces he dependido de mis propios actos para llevar una «vida buena»? Es como colorear con esos crayones blancos: todos mis esfuerzos son inútiles. Solo Jesús puede hacerme justa ante un Dios santo y justo. Cuando confío en Él para mi justicia, mi vida se llena de color y alegría.

El Gran Rematador

Suzanne

Estando persuadido de esto, que el que comenzó en vosotros la buena obra, la perfeccionará hasta el día de Jesucristo.
FILIPENSES 1:6

¿Alguna vez has dejado un proyecto sin terminar? Tal vez comenzaste a limpiar una habitación y te distrajiste a mitad del trabajo. O quizá empezaste un proyecto de manualidades con entusiasmo, pero lo abandonaste mucho antes de terminarlo. Como personas, no siempre terminamos lo que iniciamos. Nuestro Dios, sin embargo, siempre lo hace.

Desde el momento en que aceptaste su regalo gratuito de salvación, Él comenzó a trabajar en ti, transformándote de gloria en gloria a la semejanza de su hijo, Jesús. Lo mejor de todo es que es Dios quien realiza la obra, no tú. Hoy, Él sabe todo lo que harás y en lo que te convertirás, y siempre acaba lo que comienza.

Dios nunca se rendirá contigo ni te dejará a tu suerte. Continuará trabajando en ti hoy y todos los días de tu vida.

Palabras amables
Carolyn

La blanda respuesta quita la ira;
mas la palabra áspera hace subir el furor.
Proverbios 15:1

Hace muchos años, trabajaba como pasante de enfermería en el área de cirugía. De repente, por una razón que desconocía, el cirujano a cargo se enfureció y comenzó a comportarse de manera exigente. Respondí a sus bruscas palabras con una voz suave y gentil. De inmediato, noté un cambio en su actitud. El tono de su voz cambió. La cirugía continuó con una calma que todo el equipo quirúrgico pudo percibir.

Las palabras son poderosas. Pueden edificar o destruir. La Biblia nos recuerda que nuestras palabras deben estar bien elegidas, destinadas a nutrir el alma de los demás. Un espíritu gentil dirige nuestras conversaciones hacia un lugar que anima, pacifica y beneficia a los demás. Nuestras respuestas no deben ser iracundas, duras ni destinadas a aplastar el espíritu de otro.

Así como mi respuesta calmó al cirujano y a su equipo, nuestras palabras suaves pueden traer paz al enojo y al caos que nos rodea. Una vez que elijamos ser sensibles y disciplinadas en nuestras respuestas, nuestras palabras edificarán a otros y los acercarán a Dios.

Siervo escogido
Suzanne

Vosotros sois mis testigos, dice Jehová, y mi siervo que yo escogí, para que me conozcáis y creáis, y entendáis que yo mismo soy; antes de mí no fue formado dios, ni lo será después de mí.
Isaías 43:10

Ser «testigo» o hablarle a alguien sobre el evangelio de Jesús puede parecer intimidante, pero no tiene por qué serlo.

Dios nos ha elegido para representarlo ante otros, para que puedan conocerlo, creer en Él y comprender que es el único y eterno Dios. Tener conversaciones espirituales con los demás no solo fortalece nuestra fe, sino que también atrae a esas personas hacia Dios.

Al seguir a Cristo, soy un ejemplo vivo de quién es y de cómo ha cambiado mi vida. Ser testigo simplemente significa responder al llamado de Dios para proclamar la diferencia que ha producido en mí e invitar a otros a volverse hacia Él y experimentar la vida. Cuando Dios me brinda oportunidades, puedo ser su testigo, sabiendo que me ha elegido.

Puertas abiertas

— Suzanne —

Cuando llegué a Troas para predicar el evangelio de Cristo, aunque se me abrió puerta en el Señor, no tuve reposo en mi espíritu, por no haber hallado a mi hermano Tito; así, despidiéndome de ellos, partí para Macedonia.
2 Corintios 2:12-13

Recientemente cometí el error de comparar mi desempeño espiritual con el del apóstol Pablo. «Estoy segura de que Pablo nunca dejó el ministerio con el fin de tomarse un tiempo para él mismo», le señalé a una amiga.

Esta mujer me desafió con la historia de Pablo en Troas. Aunque Dios le abrió una oportunidad para predicar allí, el apóstol sabía que no estaba en condiciones de hacerlo. No aprovechó esa puerta abierta, y eso es sorprendente para los cristianos de hoy en día.

Pablo entendía que la libertad en Cristo era verdadera libertad y que Dios haría la obra. Si te sientes agotada o espiritualmente vacía, recuerda que tomarte un descanso está bien. Pablo continuó predicando poderosamente en otros lugares una vez que recobró fuerzas. Dios siempre nos da lo que necesitamos, y a veces lo que precisamos es una pausa.

Jesús lloró
Carolyn

Jesús lloró.
Juan 11:35

Cuando mis hijos eran pequeños, asistían a una escuela cristiana. De vez en cuando, alguno de ellos venía y me decía: «Mamá, tengo que memorizar un versículo de la Biblia para mañana». A menudo, yo elegía el más corto y fácil de la Biblia: «Jesús lloró».

Estas dos palabras son una hermosa expresión de la humanidad de Jesús. Aunque mantenía su naturaleza divina, se humilló y caminó con zapatos humanos (o sandalias, si queremos más precisión).

Juan 11 relata la muerte de Lázaro, un amigo cercano de Jesús. Él llega después de la muerte de Lázaro, y las hermanas del hombre, María y Marta, se quejaron: si hubiera llegado antes, su hermano estaría vivo. Al ver a las mujeres y a otros llorando, el espíritu de Jesús se conmovió profundamente por su dolor y sufrimiento.

Él lloró por el sufrimiento de sus amigos. Lloró, sabiendo que momentos después sus palabras «Lázaro, sal fuera» restaurarían la vida de su amigo, y que saldría de la tumba. En dos poderosas palabras, nuestro Salvador mostró su gran amor y compasión: Jesús lloró.

Amada a propósito
Suzanne

Te alabaré; porque formidables, maravillosas son tus obras; estoy maravillado, y mi alma lo sabe muy bien.
Salmos 139:14

Siempre que me siento insegura de mí misma, me imagino a la niña que fui alguna vez. De niña, era intensamente creativa y un poco peculiar. Siempre estaba haciendo manualidades divertidas. Una vez, mi hermano y yo intentamos construir un establo para caballos con madera reciclada en nuestro patio trasero. (Se derrumbó con el primer viento fuerte).

En ese entonces, Dios ya conocía sus propósitos para mí. Estaba moldeando a esa niña con todas sus rarezas para que hiciera exactamente lo que Él había planeado. A veces, lo que tengo para ofrecer, e incluso quien soy, puede ser rechazado por las personas, pero mi diseño es intencional.

Meditar en esa verdad cambia mi perspectiva. Soy creada con temor y maravilla. ¡Dios me ama y le gusto! Cuando Él veía a esa niña excéntrica, ya conocía todas las cosas hermosas (y difíciles) que había planeado para ella. Sus propósitos no serán frustrados. Eso disuelve muchos de los rechazos y las heridas de esta vida.

Dejar ir y dejar a Dios

*Todo tiene su tiempo, y todo lo que se quiere debajo del cielo
tiene su hora (…) tiempo de buscar, y tiempo de perder;
tiempo de guardar, y tiempo de desechar.*
Eclesiastés 3:1, 6

Poco después de mudarme, decidí hacer una limpieza. Mi hija tenía un par de botas terriblemente desgastadas, así que las tiré al cubo de la basura de la cocina sin pensarlo dos veces.

Unas horas después, escuché un llanto proveniente de la cocina. Bajé corriendo y encontré a mi hija de tres años abrazando las botas desechadas, con lágrimas de cocodrilo rodando por sus mejillas. Su angustia de niña pequeña era tan tierna que hice algunas fotos que aún me hacen sonreír.

¿Alguna vez te has encontrado luchando por dejar ir algo? Tal vez sea una dulce etapa, una relación o incluso un objeto sentimental que ya no necesitas. El maestro en Eclesiastés nos recuerda que hay un tiempo para guardar y un tiempo para desechar. Esto puede consolarnos en épocas de cambio. ¿Necesitas soltar algo hoy? Ponlo en las manos capaces de tu Creador.

El quinto mandamiento
Carolyn

Honra a tu padre y a tu madre, para que tus días se alarguen en la tierra que Jehová tu Dios te da.
Éxodo 20:12

¿Cómo es tu relación con tus padres? Para muchos, es difícil honrar a padres que los han criticado, abusado o abandonado. ¿Dios todavía espera que honremos a padres que nos fallan? Sí, Él lo manda.

En el quinto de los diez mandamientos, Dios expresa su diseño para la relación entre padres e hijos. Da una regla importante para los hijos: *Honra a tu padre y a tu madre.* A Dios le agrada cuando obedecemos este mandamiento, ya que le permite cumplir la promesa de una vida bendecida para sus hijos.

Los padres merecen honor por la posición que Dios les ha dado; sin embargo, el respeto se gana a través del carácter y de las acciones piadosas. Los hijos no están obligados a respetar a padres que eligen vidas marcadas por el pecado, pero sí pueden orar por ellos y perdonar. Cuando eres mayor y vives por tu cuenta, ya no se requiere la obediencia, pero honrar a los padres siempre es correcto a los ojos de Dios. Al obedecerle, Dios cumple sus promesas en nuestra vida.

El Dios de esperanza

Suzanne

*Y el Dios de esperanza os llene de todo gozo y paz en el creer,
para que abundéis en esperanza por el poder
del Espíritu Santo.*
ROMANOS 15:13

¿Has tenido alguna vez un mal día? ¿O tal vez una mala semana, mes o incluso año? Ya sea por enfermedad, estrés laboral, preocupaciones financieras u otra cosa, las pruebas de esta vida pueden desanimarnos.

Cuando Pablo viajó por el mundo antiguo animando a las iglesias cristianas, habló a personas que enfrentaban muchas dificultades. El evangelio de Jesús no era bien recibido en esa cultura y, sin embargo, su poder en la vida de los creyentes era innegable.

Pablo alentó a los cristianos a estar llenos de la alegría y la paz de Dios a través de la fe. Él es más grande que cualquier prueba, y, cuando creemos, produce en nosotros una esperanza que no se puede explicar aparte de Él. Si estás pasando por un momento de desánimo, examina profundamente tu fe y en quién has creído. Él te llenará de alegría, paz y esperanza.

Abrazar lo nuevo

— Suzanne —

*He aquí que yo hago cosa nueva; pronto saldrá a luz;
¿no la conoceréis? Otra vez abriré camino en el desierto,
y ríos en la soledad.*

Isaías 43:19

Hace poco, empaqué ropa que le quedaba pequeña a mi hijo menor. Desafortunadamente, no fui lo bastante sigilosa, vio las bolsas y un par de pijamas favoritos que había dejado de usar hacía poco.

Corrió hacia mí llorando. «¡Todavía los quiero!». Lo tomé en mi regazo y le expliqué que otro niño disfrutaría de su ropa vieja y que él tenía mucha ropa nueva para usar.

A menudo veo una actitud similar en mí cuando se trata de permitir que Dios haga cosas nuevas en mi vida. A veces me aferro a lo que fue porque el cambio me resulta difícil. Lo desconocido da miedo. Pero cuando la vida sacude, debo recordar que Dios se especializa en hacer cosas nuevas y tiene grandes propósitos para quienes lo siguen.

Maestro de maestros
Carolyn

*Poned la mira en las cosas de arriba,
no en las de la tierra.*
Colosenses 3:2

Soy parte de la generación del *baby boom*. Crecer durante 1950 y 1960 implica que mis recuerdos de la infancia en la escuela incluyen mi cuaderno de papel *Goldenrod* con líneas, mi caja jumbo de crayones con sacapuntas y saltar la cuerda con mis amigos durante el recreo.

En la escuela aprendí las letras, a leer, a escribir... Aprendí matemáticas y otros fundamentos que me ayudarían a crecer y desarrollarme como una persona creativa e inteligente. Si obedecía las reglas y hacía bien mis tareas, recibía un buen boletín de calificaciones.

Desde marzo de 1971, cuando acepté a Cristo como mi Salvador, he sido instruida por el Maestro de maestros. Mi plan de estudios proviene de la Biblia e incluye lecciones sobre vivir por fe, confiar y obedecer a Dios, modelar un carácter puro con un corazón de siervo y depender del Espíritu Santo para obtener sabiduría y discernimiento.

A medida que aprendo de mi Maestro de maestros, Él enfoca mi mente en metas eternas y me ayuda a crecer en devoción a mi Salvador.

Dadora alegre

Suzanne

Cada uno dé como propuso en su corazón: no con tristeza, ni por necesidad, porque Dios ama al dador alegre.
2 Corintios 9:7

Le tengo miedo al sillón del dentista, especialmente cuando hay un taladro involucrado. Así que puedes imaginar mi desilusión cuando me rompí una corona dental dos años después de haberla colocado. Para empeorar las cosas, el seguro se negó a cubrir el valor porque la corona había fallado demasiado rápido. Le conté a algunas personas mi situación y comencé a planear cómo pagar ese gasto inesperado.

Una mañana, poco después de mi cita dental, vi una tarjeta en el mostrador. Dentro había una dulce nota escrita a mano y un cheque por la cantidad exacta de mi intervención. Mi corazón casi explota de gratitud por ese regalo tan oportuno.

Quizás hayas recibido un regalo justo en el momento indicado. O tal vez hayas tenido la alegría de hacer uno. Cuando damos de nuestros recursos, agradamos a Dios y Él nos bendice a cambio. El tamaño del regalo no importa tanto como la actitud; damos con alegría porque Él nos ha dado demasiado a nosotros.

Sin ánimo de ofender

Suzanne

La cordura del hombre detiene su furor,
y su honra es pasar por alto la ofensa.
Proverbios 19:11

En los últimos años, me he enfrentado a problemas que causan división para toda una vida. He visto a las personas dividirse por política, decisiones sobre salud, asuntos de la iglesia y cuestiones teológicas. La unidad en la cultura y en la iglesia parece estar en su punto más bajo, y la gente parece estar siempre dispuesta a sentirse ofendida.

La Biblia revela que una persona sabia ejerce paciencia y pasa por alto las ofensas. Esto puede ser difícil cuando quienes nos rodean reaccionan con enojo y frustración. Sin embargo, hay gloria en elegir *no* ofenderse. Creo que la gloria radica en que esta acción refleja la gracia de Dios. Nací siendo una ofensa para Él y continuaré siéndolo hasta que muera. Pero, gracias a Jesús, Dios elige pasar por alto la ofensa, para su gloria.

Una vez que reconozca su gracia hacia mí en mis transgresiones, me inclinaré más a pasar por alto las ofensas de los demás, dando gloria a Dios.

Mentores de todas las edades
Carolyn

*Ninguno tenga en poco tu juventud,
sino sé ejemplo de los creyentes en palabra,
conducta, amor, espíritu, fe y pureza.*
1 Timoteo 4:12

Un día, mi nieta me envió versículos de la Biblia escritos a mano con marcadores de colores y decorados con pegatinas. ¡Su hermoso trabajo artístico me animó mucho! Otro día, una santa anciana conocida como «la señora de las tarjetas» me envió una que contenía un marcador con forma de girasol (mi flor favorita) para alegrar mi corazón. Mi amiga soltera me inspiró a escribir mis pensamientos sobre cómo ser una abuela piadosa y compartirlos con mi familia.

Ya seas una joven, una santa anciana, una mujer soltera o cualquier otra persona, *tú* puedes marcar la diferencia en la vida de un compañero creyente. Cada mujer cristiana tiene una historia que contar y dones que usar para reflejar el carácter de Dios y animar a los demás.

Animar, inspirar y apoyar a alguien mientras crece en su fe puede dejar una huella imborrable en su vida. Está lista para ministrar y ser ministrada, porque llegan mentores de todas las edades.

¡Anímense!

Suzanne

*Estas cosas os he hablado para que en mí tengáis paz.
En el mundo tendréis aflicción; pero confiad,
yo he vencido al mundo.*
Juan 16:33

A veces parece que el mundo está lleno de malas noticias. Los titulares, las redes sociales e incluso nuestras propias luchas personales pueden convencernos de que hay poco por lo que tener esperanza en esta vida. Jesús desafió esta idea cuando avisó a sus discípulos que se enfrentarían a tribulaciones. Después de esa declaración, añadió algo que parecía contradictorio: «¡Anímense!» (NVI).

¿Cómo podemos estar animados con todas las malas noticias que nos rodean? ¡Podemos contrarrestarlas con buenas noticias! Jesús nos dice: «Yo he vencido al mundo». Dios Hijo, quien vivió una vida sin pecado, murió una muerte brutal en la cruz, resucitó de la tumba tres días después y ahora intercede por nosotros ante el Padre (1 Juan 2:1) ya ha vencido a este mundo roto y pecador. Es una razón para tener esperanza y compartirla con los demás en cualquier circunstancia.

El Defensor

Suzanne

Hijitos míos, estas cosas os escribo para que no pequéis; y si alguno hubiere pecado, abogado tenemos para con el Padre, a Jesucristo el justo.
1 Juan 2:1

Cuando mi hija mayor tenía dos años, la llevamos a un parque local. Ella jugaba feliz en el área infantil hasta que un niño de cuatro años comenzó a decirle que no podía usar el tobogán.

—Eres demasiado pequeña —le increpó.

Mi esposo, que mide dos metros, estaba cerca mientras nuestra pequeña afrontaba este obstáculo en sus relaciones. Sin saber qué hacer, Sadie finalmente le advirtió al niño:

—Pues... pues... ¡Ese es mi papá! —se giró y señaló a Kevin.

El niño no volvió a molestarla.

Nosotros también tenemos un defensor. Cuando el acusador nos acusa de que nuestros pecados son insuperables, podemos señalar a Jesucristo, quien nos redimió y nos hizo justos. A través de Él, el Padre perdona todas nuestras transgresiones y podemos acercarnos con libertad. Apartarnos del pecado siempre debe ser una prioridad, pero cuando no podemos hacerlo por nuestra cuenta, Jesús es nuestro fuerte defensor.

Pensamiento excelente
Carolyn

*Por lo demás, hermanos, todo lo que es verdadero,
todo lo honesto, todo lo justo, todo lo puro, todo lo amable,
todo lo que es de buen nombre; si hay virtud alguna,
si algo digno de alabanza, en esto pensad.*

Filipenses 4:8

Creo que ninguna de nosotras discutirá que lo que pensamos influye en nuestras vidas, palabras y eliminar acciones. Proteger nuestros pensamientos es un desafío diario. Estamos en medio de una batalla, y nuestro enemigo, Satanás, quiere que tengamos actitudes negativas, críticas y de queja.

Como creyentes, Dios nos ha dado su paz y su poder. Tenemos la capacidad de usar nuestra mente para pensar de manera positiva, cuidadosa, sabia y excelente.

Entonces, ¿cómo podemos cultivar pensamientos que sean honestos, puros y hermosos? ¿Y cómo podemos proteger nuestra mente de pensamientos engañosos, corruptos y deshonrosos? Debemos guardar nuestro pensamiento viviendo de acuerdo con la Palabra de Dios. Al meditar en las Escrituras y orar, Dios renueva nuestra mente para que sea más como la de Cristo. Entonces, el Espíritu puede guiar nuestros pensamientos hacia lo correcto.

En movimiento

Suzanne

Recorría Jesús todas las ciudades y aldeas, enseñando en las sinagogas de ellos, y predicando el evangelio del reino, y sanando toda enfermedad y toda dolencia en el pueblo.
Mateo 9:35

Cuando leemos sobre el ministerio de Jesús, es evidente que estaba constantemente en movimiento. No solo iba a los lugares religiosos y esperaba que las personas llegaran a Él. Jesús se desplazaba a las ciudades y las aldeas, enseñando, predicando y sanando. Atendía *activamente* las necesidades de las personas «allá afuera».

Mientras busco emular a mi Salvador, debo evaluar con qué frecuencia salgo a mi vecindario y comunidad. ¿Estoy buscando activamente a quienes necesitan escuchar el evangelio y recibir mi cuidado? Es fácil quedar atrapada en mi propia vida ocupada y olvidar relacionarme con las personas que me rodean.

Pero Dios me ha comisionado para ser las manos y los pies de Jesús. Ya sea en la tienda, en un partido de fútbol o en la cafetería, abundan las oportunidades para compartir a Jesús. Él sigue en movimiento, y yo quiero moverme con Él.

Esperanza para un corazón atribulado

Suzanne

*No se turbe vuestro corazón; creéis en Dios,
creed también en mí.*
Juan 14:1

Llegué a la iglesia con el corazón cargado. Las malas noticias en el mundo, junto con el caos en mi propio hogar, se habían acumulado en una sensación de desesperanza. Durante el servicio de adoración, las lágrimas comenzaron a fluir. Me sentí abrumada por el peso de la vida.

Dios nunca tuvo la intención de que lleváramos el peso del mundo sobre nuestros hombros. Por mi cuenta, no soy lo bastante fuerte para absorber la tristeza y la decepción que encuentro en esta vida. Pero Jesús enseñó a sus discípulos cómo enfocar de nuevo sus corazones atribulados: recordar en quién habían creído.

Esto es lo que debo hacer cuando lleguen los días difíciles, porque sé que llegarán. Creo en Dios, el poderoso Creador del universo y Amante de mi alma. Creo en Jesús, quien fue voluntariamente a la cruz para pagar el precio de mi pecado y darme vida eterna. Al profundizar en mi fe, Él levanta la carga de mi corazón atribulado.

JESÚS VIENE
Carolyn

¡He aquí, vengo pronto! Bienaventurado el que guarda las palabras de la profecía de este libro.
APOCALIPSIS 22:7

¿Te gusta leer el final de un libro primero? A mí no. Me encanta descubrir el escenario de una historia y conocer a cada personaje distintivo. Disfruto viendo cómo emerge el tema a medida que la historia se desarrolla. Para mí, leer un libro es un viaje que involucra la imaginación y me permite anticipar el final, ya sea que esté en lo correcto o no.

He leído la Biblia de Génesis a Apocalipsis, y conozco el glorioso final. ¡Mi Salvador, Jesucristo, regresará! Toda la Escritura revela su maravillosa historia, desde el principio de los tiempos hasta su regreso futuro. Jesús cumplió cientos de profecías al venir a la tierra, vivir una vida sin pecado, morir en la cruz y resucitar. Como creyentes, debemos mantenernos alerta y enfocar nuestra mirada hacia lo alto, esperando con gran gozo y anticipación el regreso de Jesús y nuestra morada eterna prometida en el cielo.

Cuidar mis palabras

Suzanne

En las muchas palabras no falta pecado;
mas el que refrena sus labios es prudente.
Proverbios 10:19

En el momento en que las palabras salieron de mi boca, supe que había hablado de más. Lo que comenzó como una conversación amigable con una amiga derivó en chismes y especulaciones. Recordé una lección objetiva que vi cuando era niña. Era sobre un tubo de pasta de dientes. Como nuestras palabras, explicó el maestro, la pasta sale fácilmente del tubo. Sin embargo, una vez que está afuera, no hay forma de volver a meterla.

Deshacer mis palabras pecaminosas requeriría confesión, arrepentimiento y una disculpa, ¡cuando más me habría valido guardar silencio! Las Escrituras nos indican que en la abundancia de palabras hay una oportunidad para pecar. Eso no significa que no podamos tener conversaciones profundas, pero cuando hablamos, debemos estar atentas para asegurarnos de que el enemigo no obtenga una victoria. Y cuando tengamos dudas, no decir nada puede ser una decisión sabia.

Agradecimiento transformador

Suzanne

Alaben la misericordia de Jehová, y sus maravillas para con los hijos de los hombres. Porque sacia al alma menesterosa, y llena de bien al alma hambrienta.
Salmos 107:8-9

Mis hijos pequeños no siempre recuerdan darme las gracias. Por eso, cuando se toman el tiempo de mostrar gratitud genuina por algo que he hecho por ellos, mi corazón casi explota de alegría. Me pregunto si Dios siente lo mismo cuando nosotros, sus hijos, le agradecemos por quién es y por lo que ha hecho.

Cuando reflexiono sobre el carácter de Dios y considero sus obras, la gratitud es una respuesta natural. Él es bueno. Su amor es constante. Hace obras maravillosas por nosotros, satisface nuestros anhelos más profundos y llena nuestras almas hambrientas con cosas buenas. ¡Aunque Dios fuera lo único que tuviéramos, habría tanto por lo que estar agradecidas!

Cuando hago de la acción de gracias un hábito en mi vida, puedo ver la gloria de Dios con mayor plenitud y proclamar su amor y su bondad a los demás. ¿Por qué puedes darle gracias al Señor hoy?

El Mundo cambia, Dios no cambia

Carolyn

Porque yo Jehová no cambio.
Malaquías 3:6

¿Alguna vez has visto un camaleón? su característica más distintiva es su capacidad de cambiar el color de su piel, lo que le permite mezclarse con su hábitat. La obra maestra de nuestro Señor también se ve cuando una oruga se transforma en una hermosa mariposa. Como humanos, comenzamos como bebés indefensos, crecemos hasta ser niños y luego nos hacemos adultos. Cambiamos de muchas maneras a lo largo de nuestra vida. El propósito de Dios con este cambio es intencional y beneficioso para su creación.

En contraste, Dios mismo es inmutable. Es el mismo «ayer, hoy y por los siglos» (Hebreos 13:8). ¡Qué palabras tan reconfortantes para el creyente! El Señor es fiel, compasivo, misericordioso. Su gracia y su amor son inagotables. Su redención a través de Jesús es completa. Podemos tener fe en sus promesas, que permanecen para siempre, de generación en generación. Su presencia y su paz perduran.

Somos testigos de la inmutabilidad de nuestro Señor inmutable. Nuestras familias, amigos y compañeros de trabajo necesitan escuchar de nuestro Dios fiel. ¡Seamos rápidas para compartir la esperanza que tenemos en un mundo que siempre cambia!

¿Qué hice mal?

Suzanne

Examíname, oh Dios, y conoce mi corazón; pruébame
y conoce mis pensamientos; y ve si hay en mí camino
de perversidad, y guíame en el camino eterno.
SALMOS 139:23-24

Un día discipliné a mi hijo pequeño por tener una rabieta y arrojar una taza llena de agua fuera de la bañera. Después de vestirse y calmarse, se sentó a mi lado, con el labio todavía tembloroso. «¿Qué hice mal?», preguntó con una voz llena de arrepentimiento. Lo abracé y le expliqué que hacer berrinches y arrojar agua no eran comportamientos aceptables. Le dije que lo amaba y que lo único que necesitaba hacer era decir: «Lo siento». Lo hizo, lo perdoné y nos abrazamos.

Como mi carne se opone a los caminos de Dios, a veces estoy ciega a mis muchas transgresiones. Con el salmista puedo pedirle a Dios que me revele el pecado en mi vida para poder apartarme de él y caminar en sus caminos. Cuando lo hago, Dios se deleita en ofrecer perdón y restaurar nuestra relación.

Manos limpias, corazón puro

Suzanne

*¿Quién subirá al monte de Jehová? ¿Y quién estará
en su lugar santo? El limpio de manos y puro de corazón;
el que no ha elevado su alma a cosas vanas,
ni jurado con engaño.*
Salmos 24:3-4

¿Quién tiene una relación correcta con Dios? Este pasaje responde a esa pregunta: quién tiene manos limpias y un corazón puro. Un corazón puro proviene de confiar en Jesús para que nos limpie de todo pecado y haga nuevo nuestro corazón; las manos limpias le siguen. Las cosas que elijo hacer y en las que me involucro revelan el estado de mi corazón.

Elevaremos nuestras almas hacia aquello que valoramos. Muchas cosas pueden robar nuestra atención de Dios: nuestra familia, el trabajo, las relaciones, los medios que consumimos e, incluso, nuestras propias opiniones. Dios quiere ser el número uno en nuestra vida. Él merece infinitamente esa posición. ¿A qué «elevas tu alma»? Cuando hagas de Dios y sus caminos tu prioridad, podrás disfrutar más de sentir su presencia.

AMARNOS A NOSOTRAS MISMAS
Carolyn

El amor sea sin fingimiento. Aborreced lo malo, seguid lo bueno. Amaos los unos a los otros con amor fraternal; en cuanto a honra, prefiriéndoos los unos a los otros.
ROMANOS 12:9-10

Jesús primero, otros después y tú al final. Atender nuestros propios intereses nos resulta bastante natural, y cultivamos nuestra pasión por Jesús a través de la oración y la lectura de su Palabra. Pero aprender a amar a los demás de manera deferente puede ser difícil.

El Nuevo Testamento nos da muchas instrucciones sobre cómo amarnos unos a otros. Nuestro amor debe ser sincero y abundante, marcado por la tolerancia y la bondad. A veces significa hablar la verdad con amor, pasar por alto una ofensa, confesar un pecado o elegir perdonar. Al buscar una comunión como la de Cristo con nuestros hermanos, damos un ejemplo a los incrédulos del extravagante, inclusivo y sacrificado amor de Dios. Al amarnos unos a otros, el mundo puede ver a Dios con mayor claridad.

La salud del corazón

Suzanne

Sobre toda cosa guardada, guarda tu corazón;
porque de él mana la vida.
Proverbios 4:23

Mientras salía del cine, al final de la película, sabía que debería haberme ido antes. En los primeros minutos del filme, supe que el contenido chocaba con mis creencias y con mis valores, pero ya había pagado los diez dólares de la entrada, así que decidí quedarme, esperando a que mejorara. No fue así.

Tal vez has tenido una experiencia similar. Una película, un libro o una conversación te dejó con la sensación de que había una capa de suciedad cubriendo tu corazón. La palabra «corazón» se menciona casi novecientas veces en las Escrituras. No es de extrañar que Proverbios nos advierta guardarlo con diligencia, porque todo en la vida (nuestras emociones, palabras y acciones) procede del corazón.

Debemos mantener nuestro corazón libre de pecado, de relaciones tóxicas y de cualquier otra cosa que lo enferme. Seamos sabios respecto a las personas y las influencias que permitimos en nuestra vida. Cuando tu corazón está sano, otros ámbitos de tu vida también están saludables.

Fe por encima del miedo

*En el amor no hay temor, sino que el perfecto amor echa fuera
el temor; porque el temor lleva en sí castigo.
De donde el que teme, no ha sido perfeccionado en el amor.*
1 Juan 4:18

Cuando estaba en la universidad, desarrollé una condición autoinmune de manera repentina. Me llevó varios años descubrir la causa de la enfermedad y recuperarme (estoy agradecida de haberlo logrado). Al principio, mientras consideraba abandonar la universidad, el miedo me invadía.

Superar ese tiempo difícil fue un viaje de aprendizaje para confiar en el amor de Dios. Aunque apenas lograba pasar cada día, tuve que soltar los miedos y los «¿y si…?», sabiendo que Dios estaba conmigo y tenía un buen plan para mi vida.

En los últimos años, me he enfrentado a muchas oportunidades para sucumbir al miedo, incluidos los problemas de salud de un hijo con necesidades especiales, acontecimientos actuales e incluso una pandemia global. Aprender a soltar mi preocupación y llenarme del amor de Dios ha sido un proceso. La ansiedad todavía asoma su fea cabeza. Pero cuando me enfoco en la enormidad del amor de Dios, encuentro que el miedo comienza a desvanecerse.

Un corazón alegre
Carolyn

El corazón alegre hermosea el rostro;
mas por el dolor del corazón el espíritu se abate.
Proverbios 15:13

Soy una observadora de personas cuando estoy fuera. Me gusta estudiar estilos de cabello, tendencias de ropa y rostros. Una de las cosas más agradables de ver es una sonrisa en el rostro de alguien. Cuando alguien me sonríe, yo le devuelvo la sonrisa. Hay una conexión entre nosotros. Sonreír puede ser contagioso. A veces, es lo único necesario para alegrarle el día a alguien y animar su corazón.

Solo el Señor conoce verdaderamente tu corazón. Él es la fuente de toda la alegría y el gozo que experimentamos. Pero tu semblante refleja lo que siente tu corazón. Si alguien tiene alegría en su corazón y está contento y satisfecho con su vida, tendrá un semblante radiante.

Salmos 4:6 dice: «Muchos dicen: "¿Quién nos mostrará el bien?". Alza sobre nosotros, oh Jehová, la luz de tu rostro». Intenta pronunciar esta sencilla oración hoy: *Querido Señor, por favor permite que tu bondad, tu alegría y tu luz se reflejen en mi semblante alegre.*

La línea de ayuda de Dios

Suzanne

Dios es nuestro amparo y fortaleza,
nuestro pronto auxilio en las tribulaciones.
Salmos 46:1

Un día llevé mi auto al taller porque no estaba funcionando bien. Mientras esperaba en la sala, escuché a un mecánico en la recepción atender media docena de llamadas telefónicas. Parecía familiarizado con cada vehículo, hacía preguntas con paciencia y ofrecía soluciones expertas (¡y rápidas!). Cada llamada duraba apenas unos minutos.

Cuando algo anda mal en mi coche, llevarlo a un experto que pueda diagnosticar y solucionar el problema es un alivio. Y cuando las cosas van mal en mi vida, el Experto en *todas las cosas* está ahí para ayudarme.

Como ese mecánico, Dios escucha mis problemas (aunque ya esté íntimamente familiarizado con ellos) me fortalece y ofrece ayuda inmediata para mis dificultades. ¡Qué verdad tan reconfortante! La línea de ayuda de Dios está abierta las veinticuatro horas, los siete días de la semana. Él espera que acuda con mis problemas porque tiene todas las soluciones.

Vivir para el Número Uno

Suzanne

*Con Cristo estoy juntamente crucificado, y ya no vivo yo,
mas vive Cristo en mí; y lo que ahora vivo en la carne,
lo vivo en la fe del Hijo de Dios, el cual me amó
y se entregó a sí mismo por mí.*

Gálatas 2:20

Cuando era niña, mi mamá a veces me reprendía con la frase: «Solo pensabas en ti». Esto significaba que había tomado una decisión basada únicamente en lo que yo quería, sin considerar los pensamientos y sentimientos de los demás.

Aún tengo más momentos de los que me gustaría admitir en los que actúo pensando solo en mí misma. Pero como creyente, estoy llamada a no vivir para mí, sino para Cristo. Su amor y su redención me motivan a abandonar mis propios planes y deseos a fin de vivir plenamente para Él. El Espíritu Santo me ayuda a hacer esto cada día mientras rindo mi vida y permito que Cristo viva en mí. Solo entonces puedo vivir para el verdadero Número Uno, mi Señor y Salvador Jesucristo.

Unicidad en Jesús
Carolyn

Ya no hay judío ni griego; no hay esclavo ni libre; no hay varón ni mujer; porque todos vosotros sois uno en Cristo Jesús.
GÁLATAS 3:28

En mi hogar tengo enmarcada una vista panorámica de Jerusalén. Es un hermoso recordatorio de mi viaje a Tierra Santa, donde experimenté los sonidos, las vistas y los aromas de la histórica nación de Israel. Me fascinó la diversidad de sectas dentro de la comunidad judía, así como los distintos gentiles que viven y trabajan allí. El vínculo común entre los judíos mesiánicos (creyentes) y los gentiles cristianos es la fe en Jesús.

El apóstol Pablo habló sobre los judíos y su rechazo al evangelio de Cristo (Romanos 11). Por la desobediencia y la incredulidad de los judíos, los gentiles, a través de su fe y de la gracia de Dios, recibieron la oportunidad de ser insertados en la gloriosa familia de Dios. Ni el linaje racial ni el estatus social, ni el género, ni el mérito espiritual impiden que una persona tenga fe salvífica en Cristo. Todos los creyentes son espiritualmente bendecidos y coherederos en la misma medida porque son uno en Cristo. ¡Regocíjate!

Sus ojos están sobre el gorrión

Suzanne

*Mirad las aves del cielo, que no siembran, ni siegan,
ni recogen en graneros; y vuestro Padre celestial las alimenta.
¿No valéis vosotros mucho más que ellas?*
MATEO 6:26

Cuando mi hijo estuvo hospitalizado durante diez días por una enfermedad desconocida, el himno *¿Cómo podré estar triste?* (la versión al español de *His Eye Is on the Sparrow*), original de Civilla D. Martin, me trajo un gran consuelo, pues nos recuerda que Cristo está con nosotros en medio de todas las tribulaciones:

¿Cómo podré estar triste,
cómo entre sombras ir,
cómo sentirme solo,
y en el dolor vivir?
Si Cristo es mi consuelo

Saber que Dios cuida incluso de las avecillas me recuerda que su amor y su cuidado por mí son mayores de lo que puedo imaginar. Él ve cada dolor y cada situación que parece insuperable, y atiende mis necesidades más profundas. Cuando mi hijo estaba en el hospital, enfrentándose a un futuro incierto, Dios ya conocía las muchas formas en que proveería y se glorificaría a sí mismo. Cualquiera que sea el dolor que afrontes, recuerda: Dios te ve y proveerá todo lo que necesitas para el día de hoy.

Madurar
Suzanne

Para que ya no seamos niños fluctuantes, llevados por doquiera
de todo viento de doctrina, por estratagema de hombres
que para engañar emplean con astucia las artimañas del error,
sino que siguiendo la verdad en amor, crezcamos en todo
en aquel que es la cabeza, esto es, Cristo.
Efesios 4:14-15

Desde que dejé la casa de mis padres, ciertas cosas me hacen sentir como una «adulta de verdad»: pedir cita con el médico, pagar facturas, cambiar el aceite del auto. Cuando era joven, asociaba estas tareas con la adultez, y ahora, cada vez que las hago, siento que soy una verdadera adulta.

En Efesios, Pablo habla de lo que significa crecer hacia la madurez espiritual. Una señal de madurez es una fe firme que resiste a las falsas doctrinas y a las últimas modas. Otra señal de crecimiento es una comunicación madura. No solo se espera que el cristiano hable la verdad, sino que lo haga con amor, con el fin de «crecer» en Cristo.

Cuando piensas en ser un adulto espiritual, ¿qué atributos te vienen a la mente? Poseer una fe firme, basada en la verdad y el amor, es un buen punto de partida.

Guerreras de Oración
Carolyn

Confesaos vuestras ofensas unos a otros,
y orad unos por otros, para que seáis sanados.
La oración eficaz del justo puede mucho.
Santiago 5:16

¡La oración es poderosa! A menudo recurrimos a ella después de que nuestros propios métodos hayan fallado. Si hubiéramos confiado nuestras necesidades a la fuente del poder desde el principio, nuestras peticiones habrían sido escuchadas y atendidas por el Padre Omnipotente en su perfecta voluntad y tiempo.

Tengo tres amigas queridas que me animan y apoyan en oración. A veces oramos juntas en persona, pero a menudo oramos de manera espontánea por teléfono cuando alguna de nosotras tiene una necesidad o preocupación espiritual. Nuestro vínculo como hermanas en Cristo se ha fortalecido porque somos guerreras de oración empoderadas unas para otras.

¡Nuestras oraciones llegan a los oídos de nuestro Padre y pueden hacer mucho! Él conoce nuestros corazones y pensamientos, pero desea que nos humillemos y oremos en dependencia de Él. Cuando las palabras no salen, el Espíritu Santo intercede por nosotros. Así que, ya sea que te arrodilles o te pongas de pie, recuerda orar con fe en cualquier momento, en cualquier lugar y siempre.

Gloria Futura
Suzanne

Pues tengo por cierto que las aflicciones del tiempo presente no son comparables con la gloria venidera que en nosotros ha de manifestarse.
ROMANOS 8:18

Mi hija miraba la pantalla del ordenador mientras una lágrima rodaba silenciosamente por su mejilla. La pregunta del examen frente a ella parecía insuperable y sentía la frustración de no saber la respuesta. Como su madre, sentí compasión por su situación. También sabía que responder mal a una pregunta (o incluso a todo el examen) no arruinaría su vida ni destruiría su carrera académica.

En la vida cristiana vienen las pruebas. En medio de esos desafíos, a veces me siento como mi hija: desanimada y sin esperanza. Mi Padre celestial no solo tiene compasión por mí, sino que también tiene un futuro glorioso preparado. De hecho, ese futuro es tan grande que los sufrimientos de esta vida ni siquiera están en la misma categoría.

Cuando estoy mirando esa pantalla de ordenador, frustrada e incierta, puedo recordarme a mí misma que el dolor de la prueba es temporal. Un día, el sufrimiento desaparecerá cuando Dios revele su gloria en mí.

Caminos más altos

Suzanne

*Porque mis pensamientos no son vuestros pensamientos,
ni vuestros caminos mis caminos, dijo Jehová.
Como son más altos los cielos que la tierra,
así son mis caminos más altos que vuestros caminos,
y mis pensamientos más que vuestros pensamientos.*

Isaías 55:8-9

¿Has experimentado alguna vez una gran decepción o dolor? En esos momentos, Dios puede parecer muy lejano. Luchamos por entender por qué lo permite y hasta podemos culparlo por no cambiar las circunstancias.

No hace mucho, escuché a una joven hablar sobre la pérdida de su hermano en un accidente de tráfico. «Me di cuenta de que no me haría bien culpar a Dios sobre todo porque lo necesitaba más que nunca», reconoció.

Cuando ocurren cosas malas, es natural cuestionar el plan de Dios. Cuando Job perdió a sus hijos, le hizo a Dios algunas preguntas difíciles. Dios respondió mostrándole a Job sus limitaciones mentales a la luz de la sabiduría divina. Un ser humano nunca podría entender los pensamientos y las acciones de un Dios omnisciente y omnipotente. La verdad que permanece es que Dios es amor. Y cuando la vida no tiene sentido, podemos confiar en que Él sigue trabajando.

Una reflexión personal del Salmo 23

Carolyn

Jehová es mi pastor; nada me faltará.
Salmos 23:1

¿Alguna vez has parafraseado un pasaje significativo de las Escrituras en tus propias palabras? Durante una temporada difícil, hice esto con el Salmo 23:

El Señor y Salvador es mi cuidador. No necesitaré ni desearé nada que Él no me haya proporcionado. Me da oportunidades para descansar en medio de la agitación de la vida. Él lleva mis cargas y me ofrece momentos de completa paz. Mi cuerpo se renueva, y mi alma espiritual se refresca. Me guía para que mis acciones y mis pensamientos estén alineados con su voluntad y honren su nombre.

Aunque sé que mi jornada en la tierra es breve y la muerte es una certeza, no tengo miedo porque mi Salvador me promete que nunca me dejará. Reconozco su autoridad, su protección, su liberación, su apoyo y su consuelo.

Mi Señor y amigo está preparando un glorioso banquete. Aunque no soy digna, Él me honra ungiendo mi cabeza con aceite. Acepto con gozo la certeza de su bondad y su misericordia durante mi vida terrenal, mientras espero con alegría mi futura morada celestial junto a Él.

Transformada por amor
Suzanne

*Pero cuando se manifestó la bondad de Dios
nuestro Salvador, y su amor para con los hombres, nos salvó,
no por obras de justicia que nosotros hubiéramos hecho,
sino por su misericordia, por el lavamiento de la regeneración
y por la renovación en el Espíritu Santo.*

Tito 3:4-5

A veces siento una gran carga en mi corazón por las cosas que suceden en el mundo. Sé que estoy llamada a amar a los demás, pero soy una persona rota e imperfecta que a menudo falla. Veo claramente cuánto hay que «arreglar» y lo impotente que soy para lograrlo. Muchos días parece que el odio está ganando.

Esa sensación de impotencia tiene una razón. Una sola persona bien intencionada no puede corregir todo lo que está mal en el mundo. Ni siquiera puede hacerlo un gran grupo de personas con buenas intenciones. Únicamente un Dios bondadoso, misericordioso y justo puede lograr el cambio necesario en los corazones para reemplazar el odio con amor.

Y tengo un papel que desempeñar. A medida que el Espíritu Santo transforma mi corazón, el amor de Dios puede crecer en mi vida y extenderse a quienes me rodean.

Contar tu historia

— Suzanne —

*Mi boca publicará tu justicia y tus hechos de salvación
todo el día, aunque no sé su número.
Vendré a los hechos poderosos de Jehová el Señor;
haré memoria de tu justicia, de la tuya sola.*
Salmos 71:15-16

Hace poco tuve la oportunidad de ayudar a contar la historia de un pastor afroamericano de noventa y cuatro años, de California. Me fascinan los relatos de su juventud: su servicio en la marina, su matrimonio con su amada, la crianza de seis hijas y su liderazgo en una gran congregación. Sus experiencias eran muy diferentes a las mías y, aun así, la grandeza de Dios era evidente en cada una de ellas.

Necesitamos escuchar las historias de los demás. Tú y yo podemos tener experiencias y antecedentes muy distintos, pero estamos unidas en Cristo. Me encantó cómo el nieto del pastor, con quien estaba trabajando, se refería a mí como «hermana».

Hermana, necesitas proclamar la justicia de Dios y las formas en que te ha rescatado y cómo ha intervenido en tu vida. Al compartir nuestras historias, damos testimonio de la fidelidad de Dios, y nuestra historia tiene el poder de alentar a otros.

Alegría de resurrección
Carolyn

No está aquí, sino que ha resucitado.
Lucas 24:6

Una tradición de Pascua que disfruto con mis nietos es hacer *rollitos de resurrección*. Sumergimos un malvavisco en aceite, lo cubrimos con una mezcla de azúcar y canela, lo envolvemos en una masa de medialuna y lo horneamos. Cuando sacamos el rollo del horno, el malvavisco se ha derretido, dejando el rollo «vacío». ¡Delicioso!

Mientras hacemos este proyecto juntos, hablamos de la historia de la Pascua. Después de que Jesús fuera crucificado, su cuerpo fue bajado de la cruz. Nicodemo, un fariseo, preparó su cuerpo con aceite de unción y especias. Junto con José de Arimatea, el propietario de la tumba, envolvieron el cuerpo de Jesús en lienzos de lino. Lo colocaron en la tumba y rodaron una gran piedra pesada para sellarla.

La mañana de Pascua, cuando unas mujeres fueron a la tumba para ungir el cuerpo de Jesús con más especias, se convirtieron en las primeras testigos del sepulcro vacío. Jesús no estaba allí. ¡Él había resucitado! ¡Qué gran alegría para todos los creyentes! Recordar estas verdades preciosas con mis nietos los invita a participar en la celebración de nuestro Salvador vivo.

Volver a casa

Suzanne

*Porque sabemos que si nuestra morada terrestre,
este tabernáculo, se deshiciere, tenemos de Dios un edificio,
una casa no hecha de manos, eterna, en los cielos.
Y por esto también gemimos, deseando ser revestidos
de aquella nuestra habitación celestial.*
2 Corintios 5:1-2

Hay algo especial en «volver a casa». Los estudiantes universitarios traen bolsas de ropa sucia a casa durante los fines de semana largos. Miles de personas regresan a sus lugares de origen durante las festividades. Otros tantos vuelven a casa para cuidar a sus padres mayores o para recuperarse en una temporada difícil.

Volver a casa tiene algo liberador. No hay pretensiones porque las personas allí te conocen. Cuando regreso a casa de mis padres, me siento inmediatamente cómoda y reconfortada por los sonidos, las vistas y los olores familiares.

La Escritura nos dice que este mundo no es nuestro hogar. Parte de la lucha de vivir radica en ese profundo deseo interior de estar en nuestro hogar eterno, donde todo lo que está mal se corrige y cada lágrima es enjugada. ¡Qué consuelo saber que al final de nuestra vida aquí en la tierra, Dios nos ofrece un *hogar* y una alegría eterna en su presencia!

Belleza inspiradora

Suzanne

Porque así dijo Jehová, que creó los cielos;
él es Dios, el que formó la tierra, el que la hizo y la compuso;
no la creó en vano, para que fuese habitada la creó:
Yo soy Jehová, y no hay otro.
Isaías 45:18

Hace poco, una amiga y yo visitamos el Parque Nacional de Yosemite. Mientras contemplábamos la belleza de las cascadas, las imponentes paredes de granito y las gigantescas secuoyas, nos llenamos de asombro por Dios. Él creó estas cosas increíbles con un propósito: para su gloria y para nuestro disfrute.

En Tunnel View, uno de los miradores más famosos de Yosemite, nos quedamos maravilladas frente a El Capitán y las Cataratas Bridalveil. Al fondo, se alzaba el imponente Medio Domo o, en inglés, *Half Dome*. Mi amiga y yo estábamos casi sin palabras hasta que ella dijo: «Gracias, Jesús. Gracias por crear esto».

La belleza natural, como la de Yosemite, nos inspira y dirige nuestros pensamientos hacia un Creador sabio e intencional. Nos recuerda que Él es el Señor y que no hay nadie como Él. Cuando nuestros problemas parecen enormes, podemos recordar las maravillas que nuestro Dios ha creado y su inmenso amor por nosotros.

Reflejo en el espejo
Carolyn

Porque si alguno es oidor de la palabra pero no hacedor de ella, este es semejante al hombre que considera en un espejo su rostro natural. Porque él se considera a sí mismo, y se va, y luego olvida cómo era.
Santiago 1:23-24

A medida que envejecemos, parece que el tiempo vuela (en latín, *tempus fugit*). Al mirarme al espejo, veo a una mujer con arrugas, ropa que parece encogerse, gafas y una necesidad creciente de subir el volumen de la televisión. La abuela de mi esposo solía decir: «Soy tan vieja como mi lengua y un poco más que mis dientes». ¡Ay, los cambios naturales del cuerpo se revelan claramente en el espejo! Y cuando me alejo, es difícil olvidar cómo me veo.

El envejecimiento me ha motivado a desear una comunión más íntima con Dios. En la quietud de las mañanas tempranas, me encuentro buscando dirección en los susurros de su voz y la sabiduría de su Palabra escrita. Anhelo conocerlo más y deleitarme en ser hacedora de su Palabra, porque eso es lo que significa vivir toda mi vida para Él.

Tan solo espera

Suzanne

Esperé yo a Jehová, esperó mi alma;
en su palabra he esperado.
SALMOS 130:5

A veces, esperar es difícil. Esperar a que comience un nuevo trabajo. Esperar el nacimiento de un bebé. Esperar conocer a alguien o casarse. La vida está llena de momentos de espera. Personalmente, me encanta sentir que tengo el control y no tengo que esperar. Pero cuando me apresuro impacientemente, puedo sentirme agotada y experimentar desgaste emocional.

Dios nos ofrece otra forma. Nos invita a esperar en Él y a poner nuestra esperanza en su Palabra. Mientras lo hacemos, Él nos recarga y nos prepara para las tareas que nos esperan. Solo Él puede proporcionarnos la resistencia sobrenatural necesaria para cumplir las buenas obras que ha planeado para nosotros.

Cuando la rutina diaria consume tu energía o las demandas de la vida amenazan con abrumarte, espera. Espera en el Señor. Pon tu esperanza en su Palabra. Él calmará tu alma y te dará exactamente lo que necesitas para dar el siguiente paso.

Sé valiente

Mira que te mando que te esfuerces y seas valiente;
no temas ni desmayes, porque Jehová tu Dios estará contigo
en dondequiera que vayas.
Josué 1:9

El valor se manifiesta de diversas maneras. A veces, necesitamos el coraje para decir la verdad en una conversación tensa. En otras ocasiones, debemos actuar con valentía cuando nadie más lo hará. Y en otros momentos, debemos enfrentar situaciones intimidantes.

Como creyentes, tenemos a *alguien* que nos acompaña en cada circunstancia grave y en cada conversación difícil. Él nos da la valentía para seguir sus mandamientos, hacer lo correcto y superar nuestros miedos.

Cuando Dios guio a Josué y a los israelitas hacia la tierra que les había prometido, afrontaron muchos temores. Tenían que conquistar ciudades fortificadas y enfrentarse a gigantes. Desde una perspectiva humana, sus probabilidades de éxito parecían mínimas. Pero Dios les pidió a Josué y al pueblo que fueran fuertes y valientes porque Él estaba con ellos. Servimos al mismo Dios. Como hijas suyas, podemos tener plena confianza en Él, incluso cuando la vida se torne aterradora.

Primer amor
Carolyn

Es necesario que él crezca, pero que yo mengüe.
Juan 3:30

¿Recuerdas la alegría que sentiste cuando le pediste a Jesús que entrara en tu corazón por primera vez, y sabías que el Espíritu Santo estaba contigo, guiándote y enseñándote la verdad de Dios? Esta hermosa relación con un Dios trino se convirtió en tu «primer amor».

Te animo a hacer que tu vida cuente para Dios. Una forma de expresar tu amor por Él es compartiendo tu fe a través de tu testimonio personal. Nadie puede refutar la historia de cómo llegaste a conocer al Señor Jesús como tu Salvador. La extraordinaria conversión del apóstol Pablo, que pasó de perseguidor de cristianos a defensor de la iglesia y el evangelio, demuestra el poder transformador de Jesús. Pablo se humilló para dar el honor que le corresponde a Jesús.

Juan el Bautista, quien proclamó que Jesús era el Mesías, declaró su indignidad incluso para desatar la correa del calzado de Jesús. Fue testigo del aumento de la gloria de Cristo mientras su propia popularidad disminuía. Este era el plan de Dios. Hasta el día en que veas a tu primer amor cara a cara, comparte tu fe para que otros también puedan conocerlo.

La Roca firme
Suzanne

*Cualquiera, pues, que me oye estas palabras, y las hace,
le compararé a un hombre prudente,
que edificó su casa sobre la roca.*
MATEO 7:24

Al crecer, uno de mis himnos favoritos era *The Solid Rock* [La Roca firme]. Los domingos por la mañana, levantábamos nuestras voces con esta gran canción:

Mi esperanza se basa ni más ni menos que en la sangre y en la justicia de Jesús. No me atrevo a confiar en el marco más dulce, sino que me apoyo totalmente en el nombre de Jesús. En Cristo, la roca firme estoy de pie, todos los demás terrenos se hunden en la arena. Todos los demás terrenos se hunden en la arena.

Jesús es una roca firme. Sin embargo, a través de su enseñanza, nuestro Salvador nos muestra que existe una enorme diferencia entre saber que Él es una base firme y actuar en consecuencia. Sé que la forma más segura de vivir mi vida es haciendo la voluntad de Dios, pero a menos que realmente la practique, estaré sobre un terreno inestable.

¿Estás hoy sobre la roca sólida? ¿Qué podría cambiar si pusieras en práctica las enseñanzas de Jesús para amar a los demás, buscar la paz, vivir con humildad y perseguir la justicia? Jesús es una roca firme en un mundo lleno de arenas movedizas.

Estaciones
Carolyn

Y les dijo: No os toca a vosotros saber los tiempos o las sazones, que el Padre puso en su sola potestad.
Hechos 1:7

A lo largo de mi caminar espiritual, no solo he experimentado muchas estaciones de la vida, sino que también me he convertido en una creyente madura. Considero que mi salvación como joven fue la *primavera* de mi vida. Me casé con mi amor de la secundaria, comencé mi carrera como enfermera y juntos criamos a nuestros tres hijos. Fue el *verano* de mi vida.

Con el tiempo, todos crecimos en edad y en fe. Celebramos las graduaciones de la escuela secundaria y la universidad, los matrimonios y el regalo de seis maravillosos nietos. Sin embargo, también llegaron desafíos y mi esposo, el patriarca de nuestra familia, partió para estar con el Señor, marcando el *otoño* de mi vida.

Actualmente estoy en el *invierno* de mi vida, enfrentando esta etapa como viuda y huérfana. Cada día me recuerda la presencia, provisión, protección y el profundo amor de Dios por mí. Confío plenamente en Él. A través de la alegría, del dolor y de los grandes cambios, Dios es íntimamente consciente de las estaciones de nuestras vidas. Su fidelidad permanece constante en cada transición.

Cambio de corazón

— Suzanne —

*El que hurtaba, no hurte más, sino trabaje,
haciendo con sus manos lo que es bueno, para que tenga qué
compartir con el que padece necesidad.*
EFESIOS 4:28

Casi no vi al hombre de pie en la esquina.

—¡Mira, mamá! —exclamó mi hija de siete años.

Una mirada al cartel que sostenía el hombre reveló que necesitaba dinero para su familia, que estaba sentada cerca de él. No tenía planeado regresar, pero mis hijos insistieron.

—Quiero ir a casa a buscar mis dólares —pidió mi hija.

Tenía algunos billetes pequeños, así que dimos la vuelta. Pero cuando volvimos, la familia ya no estaba. Oramos mientras conducía lentamente por los estacionamientos cercanos. De repente, encontramos a otra familia con un cartel similar. Vi una oportunidad para que mis hijos hicieran lo que Dios había puesto en sus corazones, así que me detuve. Mi hijo les dio los seis dólares por la ventana abierta.

—¡Gracias! —dijo el hombre—. ¡Dios bendiga a sus hijos!

La respuesta compasiva de mis hijos me recordó que estoy llamada a dar a los necesitados. Planeo estar preparada la próxima vez.

Pequeños regalos

Suzanne

Toda buena dádiva y todo don perfecto desciende de lo alto, del Padre de las luces, en el cual no hay mudanza, ni sombra de variación.

Santiago 1:17

Mi hijo Josías siente un aprecio especial por la vida. Es el primero en proclamar: «¡Es asombroso!», cuando pasa un autobús escolar por el vecindario o cuando le preparo su comida favorita.

Una vez, caminábamos desde nuestro hotel hacia un parque temático.

—¿Podemos subirnos al autobús del parque? —preguntó Josías.

Le expliqué que no habíamos comprado boletos y tendríamos que caminar. De repente, un autobús se detuvo a nuestro lado, y la conductora nos hizo señas.

—Hoy estamos dando paseos gratis —dijo.

—¡Guau! —exclamó Josías—. ¡Eso es asombroso!

Fue un recordatorio maravilloso de los regalos increíbles que Dios nos da cada día. Muchas veces, no me detengo a fijarme en su generosidad en una conversación inesperada o una bendición sorprendente. El entusiasmo de Josías por la vida es una gran lección para disfrutar los pequeños regalos de Dios y alabarle.

Condición espiritual
Carolyn

Inmediatamente, los hermanos enviaron de noche a Pablo y a Silas hasta Berea. Y ellos, habiendo llegado, entraron en la sinagoga de los judíos. Y estos eran más nobles que los que estaban en Tesalónica, pues recibieron la palabra con toda solicitud, escudriñando cada día las Escrituras para ver si estas cosas eran así.
Hechos 17:10-11

Los bereanos fueron un grupo de personas elogiadas por estudiar a diario las Escrituras para discernir si lo que Pablo y Silas predicaban era verdadero. Me encanta estudiar la Biblia con otros creyentes que valoran la sabiduría, el conocimiento y la comprensión dentro de sus páginas. Estar familiarizada y memorizar la Palabra de Dios me permite identificar fácilmente la falsa doctrina. También es práctico para saber cómo debo vivir.

La condición espiritual requiere un conocimiento práctico de la Palabra de Dios. El objetivo es estar preparados para compartir el mensaje del evangelio con otros mientras ejercemos un corazón de siervo. A menudo establecemos metas para la condición física a través de la nutrición y el ejercicio. Pero podemos ser espiritualmente fructíferas al alimentarnos de la verdad de las Escrituras y ejercitar los principios que encontramos en ellas.

Buenos pensamientos
Suzanne

Porque yo sé los pensamientos que tengo acerca de vosotros, dice Jehová, pensamientos de paz, y no de mal, para daros el fin que esperáis.
Jeremías 29:11

¿Qué espero de Dios? Si considero cómo las Escrituras revelan su carácter, espero que Él sea bueno, amoroso, justo, misericordioso, fiel y bondadoso. Pero a veces tengo dificultades para alinear lo que espero de Dios con las circunstancias de mi vida. Puedo preguntarme por qué un ser querido fallece inesperadamente o por qué lucho con una crisis de salud.

En medio del exilio, los israelitas debían haberse preguntado si lo que estaban experimentando era realmente el plan de Dios. Lejos de su hogar y su país, un punto bajo en su historia, podrían haberse sentido olvidados por Dios. Pero a través del profeta Jeremías, Dios les recuerda que sus pensamientos hacia ellos permanecen firmes. Esos pensamientos son de paz, no de mal. Pueden esperar que el buen plan de Dios para ellos finalmente se cumpla.

Cuando Dios parece estar en silencio o cuando no entiendo sus caminos, puedo apoyarme en la verdad de que sus promesas nunca cambian y sus pensamientos hacia mí son para bien. Puedo esperar ver cosas grandiosas.

A una oración de distancia
Suzanne

Entonces me invocaréis,
y vendréis y oraréis a mí, y yo os oiré.
JEREMÍAS 29:12

Justo después de Jeremías 29:11 (uno de los versículos más citados en la Biblia) encontramos otro versículo valioso. No solo Dios tiene pensamientos y planes buenos para su pueblo, ¡sino que escucha nuestras oraciones! ¡Qué consuelo saber que podemos clamar al Señor en cualquier momento y Él responderá!

En tiempos de paz y gozo, Dios está escuchando. En tiempos de agitación y dolor, Dios está escuchando. No importa tu situación, su palabra promete que cuando clamas a Él, Dios escucha y responde.

¿Qué necesitas hablar con Dios hoy? Aunque Él es grande y poderoso, también es personal. Él sabe todo lo que está sucediendo en tu vida, y desea acercarse a ti mientras te acercas en oración. No dudes en llamarlo. Dios se preocupa profundamente por ti y está a solo una oración de distancia.

Estar firmes de rodillas
Carolyn

Cuando Daniel supo que el edicto había sido firmado, entró en su casa, y abiertas las ventanas de su cámara que daban hacia Jerusalén, se arrodillaba tres veces al día, y oraba y daba gracias delante de su Dios, como lo solía hacer antes.
Daniel 6:10

Uno de los recuerdos más hermosos que tengo de mi mamá fue verla arrodillada junto a su cama, por las noches, elevando oraciones a su Padre celestial. Ella era una fiel guerrera de oración, y confiaba en que Dios se encargaba de las necesidades de sus hijos, nietos y muchos amigos. Se humillaba ante Dios, confiada de que Él escuchaba sus oraciones y las respondería.

Durante el exilio babilónico, Daniel, un hombre judío, llegó a ser un oficial favorecido por el rey Darío. Los demás oficiales del rey querían hacer que Daniel cayera en desgracia, pero no podían encontrar ninguna falla en su servicio o carácter. Idearon un plan y emitieron un decreto que ordenaba que todos debían orar solo al rey. Pero Daniel oró abiertamente de rodillas a su Dios, sin vacilar en su compromiso de honrar al Señor. ¡Dios protegió a Daniel en un foso de leones! Oro para que yo también me mantenga firme en mi fe como Daniel, incluso de rodillas.

Digno del Esfuerzo

Suzanne

Que por esto mismo trabajamos y sufrimos oprobios, porque esperamos en el Dios viviente, que es el Salvador de todos los hombres, mayormente de los que creen.
1 Timoteo 4:10

Cada etapa de la vida conlleva trabajo y esfuerzo. Si quieres destacar en tu carrera, debes ser un trabajador diligente y dedicarle las horas necesarias. Si quieres un matrimonio próspero, debes esforzarte en mantener una comunicación fuerte y el amor vivo. Cada propósito, ya sea criar hijos, dirigir un negocio o entrenar para un evento deportivo, requiere esfuerzo.

Cuando tienes una tarea difícil frente a ti, ¿qué te mantiene en marcha? ¿Tu propio impulso interior? ¿La respuesta deseada de otra persona? ¿La esperanza de un resultado específico?

Pablo le explica al joven pastor, Timoteo, el secreto para la motivación en el reino de Cristo: confiamos en el Dios vivo, el Salvador de todos. Esta confianza en el Salvador vivo y resucitado proporciona la motivación adecuada para seguir adelante y lograr las cosas a las que Él me ha llamado. En los días en que mis esfuerzos pasan desapercibidos o parecen no valer la pena, puedo seguir adelante sabiendo para quién lo estoy haciendo.

Liberar la preocupación

―― *Suzanne* ――

*[Echen] toda vuestra ansiedad sobre él,
porque él tiene cuidado de vosotros.*
1 Pedro 5:7

Me deslicé suavemente hacia la sala de cunas por tercera vez esa noche. En el delicado resplandor de la luz nocturna, examiné el rostro tranquilo de mi bebé durmiendo. El mes anterior, mi esposo y yo habíamos estado lidiando con múltiples citas médicas semanales y cambios en los medicamentos para tratar la catastrófica forma de epilepsia de nuestro primer hijo. A menudo me despertaba en mitad de la noche, atrapada por el terror sobre los posibles resultados.

Mientras intentaba cargar con el peso de mi preocupación, escenarios aterradores llenaban mi mente, y mi confianza en la bondad de Dios era puesta a prueba. A medida que las preocupaciones crecían, sentí que Dios me invitaba a dejarlas. Él era lo suficientemente fuerte para cargar con ellas. También cuidaba de mi bebé más de lo que yo lo hacía.

Cuando dejé el peso de la preocupación que había estado llevando, sentí la seguridad del amor y el cuidado de Dios. El camino por delante no iba a ser fácil. Pero Dios tenía planes maravillosos para mi hijo (y para mí) que proclamarían su gloria.

Dulce fragancia de oración
Carolyn

Suba mi oración delante de ti como el incienso,
el don de mis manos como la ofrenda de la tarde.
SALMOS 141:2

La oración es el recurso más poderoso que los cristianos tienen para mantener una relación íntima con Dios. Descubrir y discernir su voluntad para nuestras vidas viene a través de la sabiduría que recibimos de la Palabra de Dios y del tiempo que pasamos en comunión con Él en oración.

Dios escucha y responde las oraciones de sus hijos. A veces, Él responde «sí». *Te amo, y aquí hay más bendiciones de las que esperabas.* A veces, Él responde «no». *Te amo tanto, pero este no es mi plan para ti.* Otras veces, Él responde «aún no». *Te amo y te pido que esperes mi tiempo perfecto. Recuerda, yo sé lo que es mejor.*

Anímate, querida hermana. Cuando nos sentimos débiles o no sabemos cómo expresar nuestras necesidades y deseos a Dios, el Espíritu Santo intercede por nosotras de acuerdo con la voluntad divina. Cuando oramos, las palabras deben fluir desde nuestros corazones con honestidad, humildad, reverencia y respeto. A Dios le deleitan nuestras oraciones y nos responderá.

Amar como he amado

Suzanne

Este es mi mandamiento:
Que os améis unos a otros, como yo os he amado.
Juan 15:12

Usamos la palabra «amor» con tanta frecuencia que a veces parece que pierde su verdadero significado. En una sola conversación, podría decir que amo el café, a mi esposo e hijos, que tengo un programa de televisión favorito y, por supuesto, ¡amo a Jesús! Pero el amor que siento por Jesús (y el amor que Él siente por mí) es profundo y transformador. No solo lo recibo, sino que debo extender a los demás.

Cuando Jesús dio a sus discípulos el mandamiento de «amarse unos a otros» en Juan 13:34, les dio un «mandamiento nuevo». Sus amigos ya sabían que debían amar a su prójimo como a sí mismos, un desafío difícil. Pero ahora, Jesús instruyó: «Amad como yo os he amado».

Este tipo de amor no es algo que pueda invocar o fingir. Es desinteresado, profundamente comprometido con el bienestar de los demás, sea mi familia, amigos, conocidos o incluso mis enemigos. Amar a las personas no siempre es fácil, pero cuando el amor viene de Jesús, el impacto puede ser transformador, porque refleja su corazón y su poder.

Fuerza en la debilidad

Suzanne

Por lo cual, por amor a Cristo me gozo en las debilidades, en afrentas, en necesidades, en persecuciones, en angustias; porque cuando soy débil, entonces soy fuerte.
2 Corintios 12:10

Cuando mis hijos eran pequeños, a menudo tenía días desalentadores. No había nada de qué quejarme. Mi esposo tenía un buen trabajo que proveía para todas nuestras necesidades. Mis hijos estaban felices y saludables. Rodeada de tantas bendiciones, me sentía culpable y frustrada conmigo misma por ser tan débil bajo presión. Un día me sentía como si estuviera manejando todo bastante bien, y al siguiente, todo resultaba desastroso.

En una oportunidad, mi hija de cinco años, al notar mi estrés, dijo: «No nos preocupamos, ¿verdad, mamá? Dios está con nosotros». La verdad en sus palabras me golpeó. Sí, Él está con nosotros. Dios está con nosotros en cada momento de debilidad, fracaso y duda.

Pablo se regocijaba en su debilidad y luchas humanas porque entendía el secreto: cuanto más se mostraba su debilidad, más fuerte era en Cristo. Si hoy es un mal día, apóyate en la fuerza de Dios y recuerda que está contigo.

El regalo de la amistad
Carolyn

En todo tiempo ama el amigo,
y es como un hermano en tiempo de angustia.
PROVERBIOS 17:17

Fui hija única durante ocho años antes de que naciera mi hermana. Creé una amiga imaginaria llamada Kathy Kazoo. Ella disfrutaba conmigo de fiestas de té; era mi compañera de juegos en la casa, escuela y hospital imaginarios; y siempre estaba disponible.

A medida que crecí, pasé a tener amigos reales, y mejores. A lo largo de los años, estos amigos me han amado profundamente, animado con alegría, exhortado con honestidad y apoyado con firmeza a través de momentos de alegría y tristeza. La mayoría de ellos también tiene un gran sentido del humor y una dulzura que se muestra al cuidar de mis necesidades y darme muchos abrazos. Mis amigos son dignos de confianza, lo que me da la seguridad para compartir mis pensamientos más profundos.

La Biblia habla de lo que hace a un buen amigo. Un amigo te levanta cuando caes, busca el perdón cuando es necesario, está contigo en las pruebas, ama a Dios, te afila en tu fe y refresca el alma. Si tienes un amigo así, da gracias al Señor por un regalo tan precioso.

Pasar por

Cuando pases por las aguas, yo estaré contigo; y si por los ríos, no te anegarán. Cuando pases por el fuego, no te quemarás, ni la llama arderá en ti. Porque yo Jehová, Dios tuyo, el Santo de Israel, soy tu Salvador; a Egipto he dado por tu rescate, a Etiopía y a Seba por ti.
Isaías 43:2-3

Hace seis años, mudamos a nuestra joven familia de Colorado a California para que mi esposo ocupara una nueva posición pastoral. Dejamos todo lo familiar, incluidas las escuelas de nuestros hijos, los médicos y hasta la familia, para ir donde Dios nos estaba guiando. Mientras conducíamos por Utah, la magnitud de lo que estábamos haciendo me abrumó.

En Isaías, Dios aseguró a los israelitas que los ayudaría a superar cualquier desafío que enfrentaran. Obstáculos grandes, como una grave enfermedad, la pérdida de un ser querido o dejar una relación dañina, pueden parecer insuperables en ese momento. Pero Dios promete no dejar que ninguna circunstancia te supere. Él va contigo, su carácter es inmutable, sus recursos son ilimitados y su amor no tiene restricciones.

Oración persistente
Suzanne

¿Y acaso Dios no hará justicia a sus escogidos,
que claman a él día y noche? ¿Se tardará en responderles?
Lucas 18:7

Una mañana, mi hija vino a pedirme una taza de cacao caliente. Normalmente no servimos esa bebida azucarada en el desayuno, así que le dije que no. Una hora después, me la pidió de nuevo, y treinta minutos después volvió a suplicarme el manjar. Para el mediodía, mi hija estaba felizmente sentada en la mesa, bebiendo su cacao con malvaviscos. Cedí simplemente porque ya no quería lidiar más con su petición.

Jesús contó una parábola sobre una viuda persistente que se presentó ante un juez injusto. Día tras día, la mujer pedía justicia contra su adversario. Al principio, el juez, que no era una persona honorable, se negó a ayudarla. Por fin, se cansó de sus constantes súplicas y concedió su solicitud.

El objetivo de la historia era enseñar a los discípulos a orar y no rendirse. Tal vez hayas pedido algo a Dios cien veces. ¡Pues pide ciento un veces! No te rindas. Él se preocupa por ti y responde a la oración persistente.

Más dulce que el panal
Carolyn

El temor de Jehová es limpio, que permanece para siempre;
los juicios de Jehová son verdad, todos justos.
Deseables son más que el oro, y más que mucho oro afinado;
y dulces más que miel, y que la que destila del panal.
Salmos 19:9-10

Cuando comencé a asistir a la iglesia como una nueva creyente, estaba muy emocionada por saber todo lo que pudiera de la Biblia. Tomaba notas con entusiasmo de los sermones que predicaba mi pastor para poder aprender y asimilar la hermosa verdad de Dios.

Los sesenta y seis libros de la Biblia son ricos en leyes, testimonios, estatutos, promesas, juicios y mandamientos. Las Escrituras expresan la mente y el corazón de Dios, lo cual da vida al cristiano y ofrece esperanza al alma, alegría al espíritu y consuelo a la mente. La Biblia revela todo lo que necesitamos saber sobre la Trinidad, nuestra salvación y cómo caminar con el Espíritu.

Solo al conocer la Palabra sagrada de Dios podemos vivir por fe. Al leerla, podemos obedecer sus preceptos y avanzar en confiar en Él con nuestras luchas diarias. Este conocimiento de la verdad de Dios, y pasar una eternidad junto a Él, vale más que el oro y es más dulce que un panal.

Vivir para servir
Suzanne

Cada uno según el don que ha recibido, minístrelo a los otros, como buenos administradores de la multiforme gracia de Dios.
1 Pedro 4:10

¿Cuáles son tus dones? Conozco a una mujer que puede cocinar las comidas más increíbles y crear una comunidad instantánea dentro de las paredes de su hogar. Otra amiga lidera estudios bíblicos y tiene el don de enseñar la Biblia. Otra mujer ministra a los demás a través de profundas conversaciones individuales llenas de verdad bíblica.

Dios ha dado a cada creyente un don que puede usar para servir a los demás. Estos dones pueden estar en el ámbito de ayudar a los demás, en ofrecer apoyo en oración, en enseñar, en la hospitalidad o en algo más. Tal vez nunca has pensado mucho en tu don y en cómo ejercitarlo. Comienza sirviendo en algún puesto y observa las cosas que te gustan y no te gustan sobre la tarea. A medida que sirvas de diferentes maneras, descubrirás las áreas en las que realmente sobresales y los ministerios donde puedes administrar la gracia de Dios. Al ejercitar fielmente tus dones, tu vida edificará a los demás y dará gloria a Dios.

Dulce olor del Salvador
Suzanne

Porque para Dios somos grato olor de Cristo
en los que se salvan, y en los que se pierden.
2 Corintios 2:15

Cuando nos mudamos por primera vez a nuestro pueblo agrícola en el valle central de California, notamos algo extraño. En ciertos días, al salir al exterior, te golpeaba un olor fuerte y punzante a… vacas, un efecto secundario desagradable de estar a favor del viento en una zona de enormes granjas lecheras.

En contraste, en los días de lluvia torrencial, el aire olía fresco y limpio después. Llegué a disfrutar del olor después de la lluvia más de lo que lo había hecho en cualquier otro lugar donde hubiera vivido.

Con olores buenos o malos, los aromas nos conectan con nuestro entorno: nos atraen o nos repelen. El cristiano emite un aroma, el dulce olor de Cristo. A medida que las personas se cruzan con nosotros cada día, «huelen» algo. El olor de un cristiano atrae a algunos y repele a otros. Dondequiera que vayas, puedes estar segura de que los demás captarán un aroma. Al vivir tu fe de manera sincera, los salvados serán atraídos a enormes granjas lecheras tu fragancia que da vida.

Belleza verdadera
Carolyn

*Vuestro atavío no sea el externo de peinados ostentosos,
de adornos de oro o de vestidos lujosos, sino el interno,
el del corazón, en el incorruptible ornato de un espíritu afable
y apacible, que es de grande estima delante de Dios.*
1 Pedro 3:3-4

Hace muchos años, supervisé un retiro de una noche para jóvenes. El tema era «La belleza desde la perspectiva de las Escrituras». Les dije a las jóvenes que Dios, que es hermoso, creó y valora la belleza. El adorno y la actitud son cualidades mencionadas en su Palabra.

El Señor da menos importancia a la apariencia externa, como nuestros peinados, joyas y ropa. Le importa mucho más el reflejo de la belleza que proviene del corazón y del espíritu de una mujer. ¿Siente ella reverencia por el Señor? ¿Es humilde y obediente? ¿Muestra ternura, ofrece amor genuino, escucha atentamente y busca en Dios su valor? Si la respuesta es sí, ella posee una belleza rara que proviene de Dios mismo.

Escrito en nuestros corazones
— *Suzanne* —

Pero este es el pacto que haré con la casa de Israel después de aquellos días, dice Jehová: Daré mi ley en su mente, y la escribiré en su corazón; y yo seré a ellos por Dios, y ellos me serán por pueblo.
Jeremías 31:33

Jeremías fue profeta durante un tiempo oscuro para Israel. La nación seguía ignorando los mandamientos de Dios, aun mientras el pueblo se dirigía hacia su juicio en forma de conquista por Babilonia. Jeremías tenía la ingrata tarea de decirle al pueblo rebelde lo que acontecería. Pero en medio de las malas noticias, les recordaba la fidelidad de Dios y los planes para restaurarlos.

Me encanta la imagen de Dios escribiendo su ley en nuestros corazones. Sus mandamientos marcan una gran diferencia en mi vida. Cuando el cajero me trata de manera grosera, puedo responder con amabilidad. Cuando noto las necesidades de otro, puedo dar con generosidad. Cuando alguien me frustra, puedo elegir pasar por alto una ofensa. Al practicar los mandamientos que Dios ha escrito en mi corazón, siento más profundamente que soy suya y que Él es mío.

Llamada a la oración

Suzanne

*Acerquémonos, pues, confiadamente al trono de la gracia,
para alcanzar misericordia y hallar gracia
para el oportuno socorro.*
Hebreos 4:16

Al teólogo y reformador alemán Martín Lutero se le acredita la frase: «Tengo tanto que hacer que pasaré las primeras tres horas en oración».

Aunque yo pueda luchar por mantener una vida de oración constante, la oración es una preparación importante para la obra que Dios tiene para mí. Si la obra de Dios es el motor, la oración es el combustible. Hablar con Dios construye mi intimidad con Él y me permite participar activamente en lo que está haciendo en el mundo.

A menudo veo la oración como una conversación, y lo es, pero las Escrituras revelan que también es una invitación. Estamos invitados a acercarnos con valentía al trono de Dios con nuestras peticiones. Cuando lo hacemos, Él no solo nos escucha, sino que concede misericordia y actúa a nuestro favor. Pensar en la oración como una invitación en lugar de una obligación, puede motivarte. Con tanto trabajo importante por hacer, ¡es una invitación que no puedes rechazar!

La cruz de la esperanza
Carolyn

*Alma mía, en Dios solamente reposa,
porque de él es mi esperanza.*
Salmos 62:5

Casi todos los que son lo suficientemente adultos recuerdan dónde estaban el 11 de septiembre de 2001. El ataque terrorista devastó al pueblo estadounidense, ya que perdimos vidas y nuestra seguridad fue resquebrajada. Cuando los trabajadores excavaron lo que quedó del World Trade Center, descubrieron una viga en forma de cruz que se mantenía erguida entre todos los escombros. Se convirtió en un centro improvisado de adoración y un símbolo de esperanza.

Se cree que la cruz es la piedra angular de la fe cristiana, y que proporciona la base de la creencia en lo que Jesús hizo por nosotros. El creyente puede acudir al pie de la cruz para obtener redención, perdón y esperanza de vida eterna con la Trinidad. El futuro de un inconverso es la separación completa de Dios por la eternidad en el infierno.

Pero la muerte de Jesús en la cruz no es el final de la historia. El pesebre, la cruz, la tumba vacía y el hogar celestial completan la maravillosa historia. Incluso en medio de una tragedia inimaginable, tenemos un futuro y una esperanza, porque nuestra ciudadanía está en el cielo.

¿A QUIÉN SERVIRÁS?

Suzanne

Y si mal os parece servir a Jehová, escogeos hoy a quién sirváis; si a los dioses a quienes sirvieron vuestros padres, cuando estuvieron al otro lado del río, o a los dioses de los amorreos en cuya tierra habitáis; pero yo y mi casa serviremos a Jehová.
Josué 24:15

Todos sirven a algo. Pueden servir a una causa humanitaria, su empleador, o sus pasiones, a la búsqueda de la riqueza o a una multitud de otras cosas. Dios nos creó para amar, servir y glorificarlo a Él, pero nuestro mundo ofrece muchos «dioses» alternativos a los que podemos servir.

Cuando Josué condujo a los israelitas a la tierra que Dios les había prometido, les recordó todo lo que el Señor había hecho y les pidió que tomaran una decisión. Podían elegir servir a algo distinto del Dios que los había sacado de Egipto, pero tendrían que decidir. Tendrían que tomar posición.

Cada día tenemos una elección. A veces, nuestros deseos carnales nos pondrán en la tentación de servir a cosas distintas a Dios. Puede que sintamos que podemos servirle a Él y a otras cosas. Pero Dios requiere nuestra devoción absoluta. Y Él es más que digno de ella.

Protección poderosa

―――― *Suzanne* ――――

En mi corazón he guardado tus dichos,
para no pecar contra ti.
Salmos 119:11

Cuando era niña, participé en un programa de memorización de versículos, y estoy muy agradecida de haberlo hecho. Muchas de las palabras de Dios están grabadas en mi corazón y rápidamente vienen a mi cabeza cuando me enfrento a tentaciones o desafíos. A veces, la Palabra de Dios viene a mi mente en momentos inesperados. Estoy llevando a cabo mi día ordinario, afrontando mis frustraciones comunes, y un versículo de la Escritura aparece en mis pensamientos. La mitad de la batalla es saber lo que Dios dice.

Cuando necesito sabiduría, puedo recordar que Santiago nos enseña que pidamos a Dios, quien da generosamente. Cuando siento la tentación de mentir, recuerdo que Dios aborrece la lengua mentirosa (Proverbios 6:17). Y cuando quiero seguir mi propio camino en lugar del suyo, recuerdo que hay un camino ancho que lleva a la destrucción, y que el camino de Dios lleva a la vida (Mateo 7:13). El salmista declara que la Palabra de Dios escondida en su corazón actúa como un freno al pecado y una guía para vivir en rectitud. Es una protección poderosa en un mundo lleno de problemas.

El regalo de la risa
Carolyn

El corazón alegre constituye buen remedio;
mas el espíritu triste seca los huesos.
PROVERBIOS 17:22

Mi esposo y yo fuimos novios desde la escuela secundaria, y fue su sentido del humor lo que me atrajo de él. Era famoso por sus chistes y relatos, siempre podía hacer reír a los demás. Desde su fallecimiento, he extrañado el sonido de su maravillosa risa.

Veo el humor de Dios en diferentes pasajes de la Biblia: un burro habla, un gran pez traga a un hombre y una mujer indiscreta es comparada con un anillo de oro en la nariz de un cerdo. El humor de Dios también es evidente en la naturaleza: el okapi tiene la cabeza de una jirafa, el cuerpo de un caballo y las patas de una cebra.

Dios sabía que sus hijos necesitaban la risa. Nos dio el humor para equilibrar nuestras vidas, sabiendo que experimentaríamos circunstancias tristes y sombrías. Como exenfermera, sé que un corazón liviano funciona como medicina: reduce la presión arterial y el estrés, quema calorías, fortalece el sistema inmunológico y libera endorfinas que sanan emocionalmente. La risa es contagiosa y trae tanto refrescamiento físico como espiritual.

Prueba de sabor

Suzanne

Gustad, y ved que es bueno Jehová;
dichoso el hombre que confía en él.
SALMOS 34:8

Mi hijo mayor siempre ha sido un comensal exigente. Durante años, ha rotado entre los mismos veinte alimentos, que incluyen pollo sin condimentos, fideos, puré de manzana y cereal. A lo largo de los años, ha sido difícil hacer que amplíe su paladar.

Hace poco, decidí hacer que volviera a probar las tortillas. Las calenté y les puse un poco de mantequilla y sal. Protestó, pero finalmente dio un pequeño mordisco. Sus ojos se iluminaron. «¡Me encantan las tortillas!», exclamó. Esta experiencia hizo que me preguntara qué otros alimentos disfrutaría si tan solo se atreviera a probarlos.

A veces, la bondad de Dios no se prueba en mi vida. Por alguna razón, elijo no darle una «prueba de sabor» a Dios al no depositar mi confianza en Él y, en cambio, sigo rondando por mis formas preferidas de afrontar las cosas, siempre las mismas. No obstante, Él me invita a entregar el control de mi vida para que pueda saborear su bondad. Solo entonces veo lo dulce que es confiar en Él.

Libertad verdadera

Suzanne

*Todas las cosas me son lícitas, mas no todas convienen;
todas las cosas me son lícitas,
mas yo no me dejaré dominar de ninguna.*
1 Corintios 6:12

¿Alguna vez has tomado una decisión que era técnicamente correcta, pero tal vez no la mejor para ti? Quizás comiste un postre rico justo antes de acostarte y terminaste con dolor de estómago. Quizás estabas corto de fondos y pusiste un gasto grande en una tarjeta de crédito, acumulando deuda. O tal vez dormiste hasta tarde cuando debiste levantarte temprano para pasar tiempo en la Palabra de Dios y en oración.

El apóstol Pablo nos recuerda que somos libres en Cristo. Ya no estamos bajo la ley, sino bajo la gracia de Dios. Sin embargo, esto no significa que todo lo que es lícito sea lo mejor para nosotros. De hecho, Pablo advierte que estas libertades pueden convertirse en una carga cuando abusamos de ellas o dejamos que nos dominen. Como cristiana, estoy bajo el poder del Espíritu Santo de Dios. Al caminar en el Espíritu, recibo sabiduría divina para tomar decisiones que traen verdadera libertad.

El Buen Pastor
Carolyn

Yo soy el buen pastor;
el buen pastor su vida da por las ovejas.
Juan 10:11

En Israel, un pastor no era altamente respetado. Su trabajo se consideraba humilde. Los pastores cuidaban, alimentaban y protegían a sus rebaños de los peligros y de los depredadores. Los pastores del templo merecían un poco más de respeto porque cuidaban a las ovejas que serían sacrificadas para expiar el pecado.

Los pastores desempeñaron un papel destacado en el nacimiento de Cristo. Dios los honró permitiéndoles ser los primeros en escuchar las buenas noticias. Durante su ministerio, Jesús se definió como el Buen Pastor: compasivo, cuidadoso, que no está dispuesto a dejar a una sola oveja atrás.

No solo es el Pastor, sino que también es el Cordero. Juan el Bautista lo definió como «el Cordero de Dios que quita el pecado del mundo». Jesús es, a la vez, el Cordero sacrificial y nuestro Buen Pastor. Él murió y resucitó para que pudiéramos estar bajo su amoroso cuidado eternamente.

Lo bueno y lo malo

Suzanne

*Los ojos de Jehová están en todo lugar,
mirando a los malos y a los buenos.*
PROVERBIOS 15:3

Apagué la televisión después de escuchar otra historia desalentadora sobre el sufrimiento que ocurre en otra parte del mundo. Pensé en mis hermanos y hermanas cristianos y me pregunté qué estarían experimentando y sintiendo. Mis preocupaciones diarias palidecían en comparación con el terror que debían estar sintiendo.

Justo en ese momento, mi hijo de cuatro años corrió hacia mí y abrazó mis piernas. Me sonrió, con un ojo entrecerrado. «¡Te quiero, mami!» exclamó. Mi corazón dio un salto de alegría.

El mal y el bien siempre existen en el mundo. Las Escrituras nos dicen que, mientras Dios frena el mal en la tierra (2 Tesalonicenses 2:7), el mundo es territorio de Satanás (Efesios 2:2). Lo importante es que Dios lo ve todo, lo bueno y lo malo. No hay lugar en la tierra que esté separado de su amor. Un día, hará que todo sea recto y destruirá el mal para siempre. Mientras tanto, puedo confiar en que Él lo ve todo y cuida a los que ama.

Compañeras en la oración
Suzanne

Porque donde están dos o tres congregados en mi nombre, allí estoy yo en medio de ellos.
Mateo 18:20

Hace algunos años, mi papá se puso muy enfermo y lo ingresaron en la unidad de cuidados intensivos. Era la primera vez que alguno de mis progenitores estaba en una situación tan grave, y yo estaba muy preocupada. Los breves informes que recibíamos del hospital no eran alentadores.

Una noche, después de un informe inquietante, le envié un mensaje de texto a Tracy, la esposa de mi pastor y le pedí si podía orar por mi padre. Unos minutos después, ella me respondió: «Jeff y yo estamos afuera. Nos encantaría orar contigo». Mientras estábamos fuera orando en voz alta por mi papá, sentí como si una carga se levantara de mi corazón. La paz reemplazó mi pánico. Sabía que Dios nos escuchaba y que haría lo que fuera mejor. Después de esa noche, mi papá mejoró y pronto pudo regresar a casa.

Jesús dijo que cuando dos o tres se reúnen en su nombre, Él está con ellos. Yo lo sentí allí esa noche, mientras Dios usaba a queridos amigos para confortarme y fortalecer mi fe.

El centro de la voluntad de Dios
Carolyn

*Venga tu reino. Hágase tu voluntad, como en el cielo,
así también en la tierra.*
Mateo 6:10

Hace muchos años, mi esposo tomó una decisión difícil: cambió de carrera para obtener ingresos adicionales que cubrieran las necesidades de nuestra familia. Dejó su puesto de enseñanza en una escuela cristiana y se convirtió en empresario a tiempo completo. Le encantaba enseñar e influir en los jóvenes para el Señor, pero, para ser un esposo y padre responsable, eligió poner las necesidades de nuestra familia por encima de las suyas.

Su decisión aligeró mucho mi carga, ya que solo tuve que trabajar a tiempo parcial. Consideré que esto era un verdadero regalo de amor hacia mí. Tuvo éxito en los negocios, pero sabía que su corazón, su pasión y su llamado estaban en otro lugar.

Comencé a orar por la oportunidad para que regresara a su puesto de enseñanza. Un día, llegó la llamada. Aceptó el puesto de enseñanza que también cubriría nuestras necesidades, y pudo reconocer la intervención de Dios. Nunca olvidaré sus eliminar palabras: «Estoy encantado de volver a estar en el negocio de tocar vidas, y considero un gozo estar en el centro de la voluntad de Dios».

Acudir a Dios en la aflicción
Suzanne

Mis ojos enfermaron a causa de mi aflicción;
te he llamado, oh Jehová, cada día;
he extendido a ti mis manos.
Salmos 88:9

El año 2020 fue muy difícil para mí. En medio de una pandemia, tres de mis cuatro hijos regresaron a casa desde la escuela, mientras que el cuarto era un niño pequeño y activo. Kevin instaló una oficina en nuestro dormitorio. Y perdí el apoyo físico de mis amigos y de la familia de la iglesia. Al final de ese año, sentí como si hubiera transcurrido una década.

El salmista entendía lo que es sentirse afligido e impotente. De hecho, acudía a Dios con esos sentimientos todos los días. Hace poco estaba pensando en una pequeña prueba personal que me causaba estrés emocional, y sentí que el Señor me preguntaba: «¿Me has pedido ayuda con eso? ¿Has extendido tus manos hacia Mí?». No lo había hecho; pensaba que era algo insignificante para orar al respecto. Pero cuando estoy pasando por algo, recurrir a mi Padre celestial debería ser mi primera respuesta. Él es quien me escucha y quien responderá en mi aflicción.

Pacificadora

Suzanne

*Bienaventurados los pacificadores,
porque ellos serán llamados hijos de Dios.*
Mateo 5:9

Piensa en la última vez que experimentaste una verdadera paz. Tal vez estabas caminando por un tranquilo sendero en el bosque. Quizás estabas de pie en una playa de arena observando las suaves olas llegar a la orilla. O tal vez sentiste paz mientras sostenías a un bebé dormido. Buscamos la paz en muchos lugares diferentes: seguridad financiera, relaciones, pertenencias, estatus social y autocuidado. Pero la verdadera paz no proviene de ninguna de estas fuentes. La paz real y duradera se encuentra en una relación restaurada con Dios, que llega a través de Cristo. Cuando comienzo a buscar en otras cosas la paz, siempre me decepciono.

Cuando Jesús estuvo en la tierra, predicó: «Bienaventurados los pacificadores». La paz es parte de la naturaleza de Dios y, como hijas suyas, perpetuarla es parte de nuestro llamado. Su paz se destaca en un mundo caótico. Aquellos que nos rodean (nuestros amigos, compañeros de trabajo, vecinos) necesitan paz de forma desesperada. ¿Cómo puedes ser hoy una pacificadora?

Todas las cosas nuevas
Carolyn

Y el que estaba sentado en el trono dijo:
He aquí, yo hago nuevas todas las cosas. Y me dijo:
Escribe; porque estas palabras son fieles y verdaderas.
APOCALIPSIS 21:5

Existe una tradición japonesa llamada *kintsugi* que data del siglo XV. Los artesanos usan polvo de oro con laca o resina para reparar piezas rotas de cerámica y unir de nuevo los pedazos. La creación eliminar es una obra maestra de fuerza y honor, a menudo considerada más hermosa que la original. Nosotras tenemos una herencia de salvación que se remonta al siglo I. Nuestro Creador y Redentor restaura a los seres humanos, rotos por el pecado, a través de la transformadora sangre de su Hijo. Él nos libra del pecado, nos hace completos y nos convierte en objetos de su gloria.

La sangre de Cristo, más preciosa que el oro, repara la relación rota entre Dios y el hombre. Trae el perdón de los pecados (pasados, presentes y futuros) y nos coloca en un nuevo camino de gozo, paz y esperanza. El toque misericordioso del Maestro produce algo nuevo, un cristiano justo y fuerte, diseñado para glorificarlo. Si te sientes desanimada hoy, recuerda que Dios está haciendo nuevas todas las cosas, incluida tu vida.

Agua viva

—— Suzanne ——

*Porque dos males ha hecho mi pueblo:
me dejaron a mí, fuente de agua viva, y cavaron
para sí cisternas, cisternas rotas que no retienen agua.*
JEREMÍAS 2:13

¿Cómo solucionas tus problemas? Desearía poder decir que voy a Dios primero, pero muchas veces lo hago como último recurso, después de haber agotado todos los míos. Dios pronunció juicio sobre Israel a través del profeta Jeremías. El problema de la nación era doble. Primero, habían abandonado a Dios, la fuente misma de la vida. Y segundo, habían recurrido a formas impotentes para resolver sus problemas.

¿Qué «cisternas rotas» albergas en tu vida? ¿Buscas conexión pasando horas en las redes sociales? ¿Recurres a la comida para llenar tus vacíos? ¿Te distraes del dolor yendo de compras o haciendo ejercicio? Ninguna de estas cosas te satisfará nunca. Solo Dios puede calmar nuestra sed y reparar los agujeros en nuestras vidas. *Señor, en el quebrantamiento de la vida, ayúdame a acudir primero y siempre a ti, la Fuente de Agua Viva.*

Rollos *sin-sin*

Suzanne

No os ha sobrevenido ninguna tentación que no sea humana; pero fiel es Dios, que no os dejará ser tentados más de lo que podéis resistir, sino que dará también juntamente con la tentación la salida, para que podáis soportar.
1 Corintios 10:13

Cuando mi hijo tenía dos años, adoraba llamar a los rollos de canela [*cinnamon rolls* en inglés] «*sin-sin rolls*» [la traducción de *sin* es *pecado*, N.T.]. Me reía cada vez que lo decía, porque su juego de palabras era muy acertado. Si bien un rollo de canela es una tentación, afronto muchas tentaciones mayores que un pastel cargado de calorías todos los días. La tentación de chismear. La tentación de mentir. La tentación de ponerme por encima de los demás.

La buena noticia es que no estoy sola en las tentaciones a las que me enfrento. Muchas otras personas se han enfrentado, y se enfrentarán, a las mismas. Y no solo eso, sino que Dios maneja el nivel de mi tentación y siempre provee una salida. Su Espíritu Santo puede mostrarme un mejor camino. Esa es una verdad poderosa cuando soy tentada por un «*sin-sin roll*» o simplemente por el pecado.

Camino a la salvación
Carolyn

Porque todo aquel que invocare el nombre del Señor,
será salvo.
ROMANOS 10:13

El coro cantó «Ruta 66» [*Route 66*] y chasqueó los dedos al ritmo de la canción. Mis emociones se despertaron, ya que recordé cómo mi esposo y yo viajamos por algunos de los casi cuatro mil kilómetros (2 448 millas) de la carretera también conocida como la «Calle Principal de América». Desde Chicago, Illinois, hasta Santa Mónica, California, el viajero de la Ruta 66 puede esperar crear recuerdos para toda la vida.

He viajado por otro camino, tal vez menos conocido, pero de un valor incalculable para mí. La «Ruta de Romanos» es un grupo de versículos escritos por el apóstol Pablo que proporciona una presentación sencilla del evangelio:

- Romanos 3:10, 3:23 y 6:23 explican el pecado y sus consecuencias.
- Romanos 5:8 y 5:12 revelan el proceso de redención.
- Romanos 10:9 y 10:13 definen el camino de la salvación.
- Romanos 8:38-39 proporcionan seguridad al creyente de que ha elegido el camino correcto.

Si tú también has recorrido este camino, cuéntaselo a alguien hoy. No hay camino mejor.

Regalos y conciertos

Suzanne

No descuides el don que hay en ti, que te fue dado mediante profecía con la imposición de las manos del presbiterio. Ocúpate en estas cosas; permanece en ellas, para que tu aprovechamiento sea manifiesto a todos.
1 Timoteo 4:14-15

Cuando era niña, tomaba clases de piano. Comencé con canciones simples, pero a medida que mi conocimiento y técnica aumentaban, también lo hacía la complejidad de las piezas musicales que tocaba. En mis recitales anuales, el público podía ver mi progreso.

Mi amigo Peter comenzó a tomar clases de piano desde joven. Para la secundaria, practicaba más de una hora al día. Tocaba con destreza hermosos conciertos y ganaba concursos. Ambos progresamos como pianistas, pero el fruto de los esfuerzos de Peter fue mayor porque su dedicación fue mayor.

Dios nos ha dado a cada uno de nosotros talentos que podemos usar para darle gloria. Pablo animó a Timoteo a entregarse por completo a su trabajo para que los demás pudieran ver su progreso. Cualquiera que sea el talento que Dios te haya dado, aprende a tocar en «conciertos». Así el mundo podrá ver a un poderoso Dios obrando en ti.

Prepararse para el lado largo de la vida

Suzanne

Porque el ejercicio corporal para poco es provechoso, pero la piedad para todo aprovecha, pues tiene promesa de esta vida presente, y de la venidera.
1 Timoteo 4:8

Uno de mis profesores de la universidad bíblica solía decir: «Esta es la parte corta de la vida». Aunque es fácil dejarnos atrapar por las muchas cosas que esperamos lograr en nuestra vida aquí en la tierra, es más importante prepararnos para la eternidad. El entrenamiento espiritual, que da como resultado la piedad, es provechoso para todas las cosas, incluidas nuestras vidas futuras con Cristo.

El secreto de la piedad no se encuentra en esforzarse más, como tampoco se encuentra en sentarse y no hacer nada. La piedad se cultiva cuando permitimos que el amor y la aceptación de Dios nos motiven a ejercitar nuestra fe. Las disciplinas espirituales, como la oración, el ayuno y la soledad, son un regalo y una bendición. Ellas preparan el escenario para la renovación y la transformación, lo que nos beneficia en el presente, pero también en la vida venidera.

Una mujer conforme al corazón de Dios

*Y amarás al Señor tu Dios con todo tu corazón,
y con toda tu alma, y con toda tu mente y con todas tus
fuerzas. Este es el principal mandamiento.*
MARCOS 12:30

El corazón es un órgano asombroso diseñado por Dios. Ese músculo hace circular rítmicamente la sangre que da vida a nuestro cuerpo. Cuando el corazón está en un ritmo perfecto, provee al cuerpo con salud física óptima. El corazón sostiene la vida y es su centro.

Una mujer cuyo corazón late al ritmo de la voluntad de Dios será espiritualmente saludable y vibrante. La Escritura le muestra a la mujer cómo buscar al Señor y procurar fielmente la voluntad de Dios en todo lo que hace.

A David se le definió como un «hombre conforme al corazón de Dios». Aunque cometió errores, el rey-pastor confesó su maldad e invitó a Dios a estar presente en su vida. Una mujer conforme al corazón de Dios venera, obedece y confía en su amado Dios. Cuando una mujer ama a Dios con su corazón, su alma y su mente, Él la usa para llevar vida y salud a quienes la rodean.

Pastor tierno

Suzanne

Como pastor apacentará su rebaño;
en su brazo llevará los corderos, y en su seno los llevará;
pastoreará suavemente a las recién paridas.
Isaías 40:11

Estaba conversando con una amiga y mentora cuando se ofreció a orar por mí. Mientras oraba, agradeció a Dios por escuchar nuestras oraciones, amarnos y cuidar de nosotras. El tercer pensamiento se desmarcó en mi mente como un letrero de neón: *Dios cuida.*

Soy bien consciente de que estoy rodeada de personas que sufren, muchas de las cuales han experimentado dolores y pérdidas mayores que yo. Debido a esto, tiendo a minimizar mis pérdidas, contar mis bendiciones y tratar de seguir adelante. Pero el dolor sigue ahí.

Tal vez por eso significa tanto para mí que Dios me cuide. Él es un pastor tierno que guía a sus corderos. Cualquiera que sea el dolor que estés experimentando, siéntate con Jesús y cuéntale lo que sientes. No hay un amigo o Salvador más fiel. Él nos invita a llevarle nuestra tristeza para que nos abrace y nos guíe suavemente hacia donde necesitamos ir.

Guías experimentadas
Suzanne

*Lo que has oído de mí ante muchos testigos,
esto encarga a hombres fieles que sean idóneos
para enseñar también a otros.*
2 Timoteo 2:2

Durante una conversación telefónica con una amiga mayor y más sabia, le revelé algunos problemas con los que había estado lidiando. Estaba preocupada por lo que pudiera pensar de mí, pero mi amiga explicó amablemente que ella había estado en el mismo lugar que yo y me ofreció algunos consejos bíblicos para avanzar. «Cuando estás en el desierto, necesitas un guía experimentado», me señaló.

Todas pasamos por momentos en los que nos sentimos perdidas o desorientadas. En esos momentos, necesitamos la ayuda de una cristiana con más experiencia. Tal vez tú *seas* esa cristiana con más experiencia. Pablo animó a Timoteo a replicarse a sí mismo transmitiendo a otros lo que había aprendido y encargándoles hacer lo mismo.

Hasta que la llamada terminó, no me di cuenta de cuánto necesitaba esa conversación con alguien que me comprendiera y pudiera ofrecerme orientación. Y, al invertir su tiempo en mí, me me preparó para hacer lo mismo por otros.

Palabras de sanidad
Carolyn

*Porque si perdonáis a los hombres sus ofensas,
os perdonará también a vosotros vuestro Padre celestial;
mas si no perdonáis a los hombres sus ofensas, tampoco vuestro
Padre os perdonará vuestras ofensas.*
Mateo 6:14-15

«El perdón» fue el título del sermón, y en la portada del boletín estaba estampado «70×7», el número que Jesús dio cuando le preguntaron cuántas veces debía una persona perdonar a su hermano. Con un número tan grande, Jesús estaba diciendo que debemos perdonar hasta el infinito, tal como Dios nos ha perdonado en Cristo.

Piensa en nuestro Salvador en la cruz del Calvario. Él oró: «Padre, perdónalos, porque no saben lo que hacen». El perdón es parte de la naturaleza de Cristo. Jesús enseñó que, si no perdonamos, nuestros pecados no serán perdonados. Esa es la simple verdad. Pasar por alto una ofensa se convierte en un acto de la voluntad, independientemente de nuestras emociones.

A veces podemos perdonar, pero nos cuesta olvidar. Es entonces cuando debemos permitir que el Espíritu Santo haga una obra en nosotros. Las Escrituras nos recuerdan que cuando aceptamos a Cristo como nuestro Salvador, nuestras transgresiones son llevadas lejos, que nuestros pecados son arrojados a las profundidades del mar y ya no son recordados. Eso debería inspirarnos a perdonar a los demás de la misma forma en que Dios nos perdona.

Un Dios que se deleita en la misericordia

— Suzanne —

¿Qué Dios como tú, que perdona la maldad,
y olvida el pecado del remanente de su heredad?
No retuvo para siempre su enojo,
porque se deleita en misericordia.
MIQUEAS 7:18

Un día estaba estacionando mi auto en el estacionamiento del dentista cuando escuché un fuerte crujido. El frente de mi miniván había rozado el todoterreno estacionado junto a mí. La dueña del vehículo, que estaba al otro lado de su auto, caminó tranquilamente hacia el frente.

Sin mostrar ni una pizca de molestia, escuchó mi explicación de lo sucedido y ambas buscamos el lugar donde los vehículos habían colisionado. Finalmente, descubrimos un rasguño justo encima de su rueda trasera. Después de una rápida llamada a su esposo, ella dijo:

—No te preocupes. ¡Que tengas un buen día!

—Gracias —respondí, mientras mi vergüenza se desvanecía en alivio.

Servimos a un Dios que se deleita en la misericordia. Cuando pecamos, Él nos muestra gracia. A través de Cristo, Él perdona nuestras iniquidades y pasa por alto nuestras transgresiones. Por su misericordia, no tenemos que quedarnos atrapadas en la culpa y la vergüenza. Simplemente podemos decir «gracias».

El llamamiento de las parteras

Suzanne

*Pero las parteras temieron a Dios,
y no hicieron como les mandó el rey de Egipto,
sino que preservaron la vida a los niños.*
Éxodo 1:17

Habían pasado muchos años desde que José salvó a todo Egipto durante una hambruna, y su pueblo se había multiplicado considerablemente. Los egipcios temían que los hebreos pudieran sobrepasarlos, así que los gobernantes emitieron la orden de que las parteras mataran a todos los bebés varones arrojándolos al Nilo. Imagina recibir órdenes tan espantosas.

Dado que matar bebés iba claramente en contra de la ley de Dios, las parteras tomaron una decisión audaz: continuaron haciendo su trabajo. Al temer a Dios, su ejemplo animó a otros a temerle también. Jocabed puso a su bebé, Moisés, en una cesta en el río. Moisés crecería para ser el líder del pueblo de Dios.

La obediencia de las parteras puede parecer algo pequeño, pero fue grande en los propósitos de Dios. Este mundo necesita más mujeres como ellas, que no se rindan ante el miedo, sino que reverencien solo a Dios. Al temer a Dios, podemos vivir con propósito e inspirar a otros a hacer lo mismo.

Un regalo rechazado
Carolyn

Porque la paga del pecado es muerte, mas la dádiva de Dios es vida eterna en Cristo Jesús Señor nuestro.
ROMANOS 6:23

Mis hijos me han dicho que hacer regalos es mi lenguaje del amor. Recibo una gran alegría al sorprender a mi familia y amigos con regalos que sé que les gustan o desean. He creado un hábito de buscar estos tesoros que podrían alegrar el día de alguien.

Hace varios años, una amiga de toda la vida me dijo que debería haber sabido que no le gustaba que siempre le diera regalos. Tristemente, ella desestimó nuestra amistad, lo que me causó mucho dolor y tristeza. Solo puedo imaginar el dolor que siente Cristo cuando alguien a quien Él ama rechaza su regalo de salvación.

Jesús eligió a Judas para ser uno de sus discípulos. Judas fue testigo del ministerio milagroso de Jesús. En un giro triste de los acontecimientos, Judas lo traicionó por treinta piezas de plata. Rechazó el regalo de salvación que vendría a través de la muerte y la resurrección de Jesús. Ahora, Jesús te ofrece un regalo precioso, y se deleita en tu aceptación. ¿Cuál es tu decisión?

Un buen informe

— *Suzanne* —

La luz de los ojos alegra el corazón,
y la buena nueva conforta los huesos.
Proverbios 15:30

Hace poco recibí buenas noticias. Una amiga de la que no había sabido en unos años me contó acerca de una respuesta increíble a sus oraciones. Fue una de esas historias de «Dios» que te recuerdan lo grande que es Él y te llenan de esperanza. Su testimonio fue una respuesta a oraciones que había hecho años atrás.

A veces siento que solo estoy rodeada de malas noticias. Las decepciones, el dolor y la angustia se acumulan, pesándome. En contraste, Proverbios describe el resultado de las buenas noticias como una luz en los ojos, alegría en el corazón y huesos renovados. ¡Las noticias alegres nos reviven!

Sentí esto cuando escuché las buenas nuevas de mi amiga y las respuestas específicas a sus oraciones. Fue justo el recordatorio que necesitaba para dejar de pensar en las malas noticias en mi vida y enfocarme en las maravillosas obras de Dios. Como cristianas, ya conocemos la mejor noticia de todas: que Jesús salva. ¿Con quién puedes compartir buenas noticias hoy?

Orar pidiendo paciencia

Suzanne

Y no solo esto, sino que también nos gloriamos en las tribulaciones, sabiendo que la tribulación produce paciencia; y la paciencia, prueba; y la prueba, esperanza; y la esperanza no avergüenza; porque el amor de Dios ha sido derramado en nuestros corazones por el Espíritu Santo que nos fue dado.
Romanos 5:3-5

¿Alguna vez te han advertido que no ores pidiendo paciencia? «¡Ten cuidado!» advierten. «¡Dios traerá algo difícil a tu vida para ayudarte a desarrollarla!».

Esa idea procede probablemente de este pasaje en Romanos, que dice con claridad que la tribulación produce paciencia. Pero lo que viene a continuación es increíblemente alentador. ¡La paciencia lleva a la experiencia, que lleva a la esperanza! Y la esperanza no se avergüenza, porque el amor de Dios se derrama en nuestros corazones por el Espíritu Santo. Todo este proceso es hermoso y asombroso, ¡no es algo a lo que temer!

Detenerse y aprender a esperar en el Señor es una bendición y nos permite practicar la paciencia, un fruto del Espíritu. ¡Adelante, ora por paciencia, porque con ella viene el carácter, la esperanza y un sentido más profundo del amor de Dios!

Ningún misterio
Carolyn

*Dándonos a conocer el misterio de su voluntad,
según su beneplácito, el cual se había propuesto en sí mismo.*
EFESIOS 1:9

Me encanta leer novelas de misterio y ver películas sobre enigmas, y deducir, a través de las pistas presentadas, la solución al acertijo subyacente o la identidad del antagonista. Un misterio se compone de una historia con personajes, un escenario, una trama fundamental, un crimen o un problema por resolver y, finalmente, una solución. Un buen misterio incluye pistas falsas entretejidas de indicios de lo que está por venir. Por supuesto, el clímax llega cuando el crimen se resuelve.

La Biblia es la gran historia de Dios, con el tema central de Cristo y la salvación. Dentro de sus páginas, se revela el misterio de su voluntad para la humanidad. Desde Génesis hasta Apocalipsis, podemos descubrir la verdad unificada, perfecta e inagotable de su Palabra. Explorar sus maravillas puede requerir esfuerzo, pero saber quién es Dios y lo que Él exige de nosotros no es ningún misterio. Como creyentes, ya conocemos el final de la historia, ¡y es un final maravilloso!

Nueva creación

Suzanne

De modo que si alguno está en Cristo, nueva criatura es; las cosas viejas pasaron; he aquí todas son hechas nuevas.
2 Corintios 5:17

A mi hija le encanta crear cosas. Es una verdadera artista; puede hacer arte con cualquier cosa: un cuaderno, un plato de papel, un calcetín viejo. Le fascina sobre todo tomar algo común y convertirlo en algo nuevo. Me asombra constantemente su creatividad y las cosas hermosas que puede hacer.

Nuestro Dios también se dedica a hacer cosas nuevas, comenzando por nosotras. Cuando aceptamos a Jesús como nuestro Salvador, Él nos transforma en nuevas criaturas. Las viejas maneras de vivir (el orgullo, la envidia, la autosuficiencia, el engaño) quedan atrás. Ya no vivimos para nosotros mismos, sino para Cristo, quien fue crucificado por nosotros. Él transforma milagrosamente nuestra naturaleza, cambiándola de una condición de podredumbre a algo que crece y rebosa de vida. Mientras observo a mi hija crear con tanta pasión, pienso en cómo Dios también se deleita al crear cosas hermosas. Y doy gracias porque yo soy una de ellas.

Salvador inalterable

Suzanne

Y a aquel que es poderoso para guardaros sin caída, y presentaros sin mancha delante de su gloria con gran alegría, al único y sabio Dios, nuestro Salvador, sea gloria y majestad, imperio y potencia, ahora y por todos los siglos. Amén.

Judas 24-25

Una mañana de domingo, mientras caminaba hacia el santuario a oscuras, mi espinilla derecha chocó con un objeto sólido que me hizo lanzarme hacia adelante y caer de rodillas. En la oscuridad, había tropezado con una plataforma para cámaras.

Al reflexionar sobre mi épica caída, me di cuenta de que una vez que mi espinilla golpeó esa plataforma, no había nada que pudiera hacer para evitar caer. Cuando se trata de caminar en fe, también soy incapaz de evitar caer en el pecado. La buena noticia es que cuando me enfrento a dudas, pruebas o tentaciones, Jesús está justo en ese instante para tomar mi mano y evitar que me derrumbe. Si mantengo mis ojos puestos en Él, puedo confiar en que me ayudará a mantener la fe hasta que llegue a mi glorioso hogar celestial.

Un futuro «sin noche»
Carolyn

No habrá allí más noche; y no tienen necesidad de luz de lámpara, ni de luz del sol, porque Dios el Señor los iluminará; y reinarán por los siglos de los siglos.
APOCALIPSIS 22:5

Mientras conducía escuché las palabras de una canción de Bill Gaither, *No More Night* [No más noche]. Mi espíritu fue conmovido, y comencé a llorar. Lee las palabras del coro:

No más noche, no más dolor.
No más lágrimas, nunca más llorar.
Y alabanzas al gran Yo Soy.
Viviremos a la luz del Cordero resucitado.

Estas profundas palabras me llenaron de esperanza. Una de las cosas más difíciles que he experimentado en mi vida fue perder súbitamente a Randy, mi esposo. Como creyente cuyo hogar futuro está con Dios en el cielo, encuentro gran consuelo en la proclamación de la Biblia de que la noche brillará como el día. Jesús mismo será la iluminación divina. Él secará cada lágrima de mis ojos y suplirá cada necesidad. Porque Jesús es la luz del mundo, y ninguna oscuridad puede estar presente cuando Él está allí, mi futuro sin noche es una razón para regocijarme.

Otra clase de amigo

Suzanne

El que anda con sabios, sabio será;
mas el que se junta con necios será quebrantado.
Proverbios 13:20

Cuando tenía doce años, mi papá me ayudó a responder un anuncio —en la sección de «se busca ayuda» del periódico— en el que buscaban gente para recoger frambuesas. Ganaba dinero ayudando a cuidar caballos y la mujer con la que mi papá conversó amablemente, me ofreció trabajo.

Para mi sorpresa, el primer día, Juanita—una mujer de sesenta años que era una fuerza de la naturaleza— me sentó en su sala, me dio una taza de chocolate caliente y me encargó vigilar su casa. Mi cómodo trabajo me llevó a tener una relación muy dulce con la «Abuela J», como cariñosamente empecé a llamarla. Me enseñó muchas cosas: cantar himnos, a hacer merengues y paletas de caramelo, y a jugar Rummikub. Aunque nuestras edades diferían mucho, su amor por Cristo era muy profundo y nos hicimos amigas de por vida.

¿Alguna vez has tenido una amistad inesperada? Tal vez Dios te está llamando para ofrecerte un amigo con quien jamás habrías creído que era posible tener una relación. Los amigos vienen en todas las edades y tener uno sabio es un tesoro.

¿Qué hay en tu copa?

— Suzanne —

No os embriaguéis con vino, en lo cual hay disolución;
antes bien sed llenos del Espíritu, hablando entre vosotros
con salmos, con himnos y cánticos espirituales,
cantando y alabando al Señor en vuestros corazones.
Efesios 5:18-19

Una analogía popular sobre una taza plantea la siguiente pregunta: «Si estoy sosteniendo una taza de café y alguien me empuja, ¿qué sucede?». La respuesta es que se derrama el café.

Pero ¿por qué se derrama el café? Podrías sentirte tentado a responder: «¡Porque te empujaron!». Sin embargo, la verdadera respuesta es que el café se derramó porque había café en la taza. Si hubiera habido té, se habría derramado el té.

Como creyentes, la taza de nuestras vidas debe estar llena del Espíritu, ¡tanto que desbordemos con las Escrituras, canciones y alabanzas! ¿Alguna vez has conocido a alguien que cita la Escritura con facilidad o que siempre tiene una canción en su corazón? Cuando ese tipo de personas son «empujadas» por la vida, ¡lo que derraman es alabanza! Yo quiero ser ese tipo de persona: llena del Espíritu y rebosante de alabanzas.

LA MUJER DE PROVERBIOS 21
Carolyn

Mejor es morar en tierra desierta
que con la mujer rencillosa e iracunda.
PROVERBIOS 21:19

Muchas de nosotras aspiramos a ser la mujer descrita en Proverbios 31. ¡Es una figura impresionante! Es una esposa piadosa con un carácter noble que teme y reverencia al Señor. Cuida diligentemente de su hogar, su esposo la valora y respeta, y sus hijos la consideran una bendición. Habla con sabiduría y aliento, su espíritu irradia alegría. Su hogar es un lugar acogedor lleno de consuelo y paz.

Sin embargo, no escuchamos tanto sobre la mujer de Proverbios 21. Ella tiene un espíritu mezquino y no demuestra reverencia por Dios en su vida ni en sus relaciones. Parece esforzarse en ser orgullosa, argumentativa y crítica, lo que genera discordia. Es una mujer que se queja de todo, hostigando a su esposo «como un goteo constante» en lugar de mostrarle respeto. Por ser contenciosa, irritante, infeliz e implacable en sus palabras y comportamiento, su esposo prefiere habitar en otro lugar.

Como mujeres de fe, esforcémonos por cultivar una actitud que honre a Dios y un hogar rico en bondad, paz y alegría.

Que presuma otra
— Suzanne —

Humillaos delante del Señor, y él os exaltará.
Santiago 4:10

Recientemente entrevisté a un hombre de unos ochenta años, y compartió conmigo un consejo: «Si tienes algo de lo que presumir, deja que otra persona lo haga por ti. Sonará mucho mejor si viene de otros».

La Biblia adopta un enfoque similar. Como seres creados a imagen de Dios, somos infinitamente valiosos. Pero debemos reconocer que cualquier cosa que nos haga impresionantes proviene de Dios y tiene el propósito de darle gloria a Él. Tal vez por eso, Santiago nos insta a humillarnos ante el Señor. En lugar de buscar elevarnos a nosotras mismas o fomentar nuestros propios objetivos, deberíamos enfocarnos en agradar a Dios y confiar en que Él suplirá nuestra necesidad de afirmación.

Un pastor que conozco solía citar Proverbios 27:2, que aconseja: «Alábete el extraño, y no tu propia boca; el ajeno, y no tus labios». Aquel caballero que entrevisté tenía razón: la humildad siempre resulta atractiva, y las palabras de elogio se aprecian más cuando vienen de otros.

Instrucciones simples
Suzanne

*Mas buscad primeramente el reino de Dios y su justicia,
y todas estas cosas os serán añadidas.*
MATEO 6:33

Estuve soltera entre los veinte y los treinta años, aunque deseaba profundamente casarme. Cuando asistí a un colegio bíblico, asumí que conocería allí a mi esposo. Cuando eso no ocurrió, pensé que probablemente lo encontraría en la iglesia o a través de mi trabajo en un ministerio cristiano. Sin embargo, llegué a los treinta y tantos antes de conocer a mi esposo, mientras dos de mis hermanos menores se casaban y uno de ellos empezaba una familia.

Aunque mi vida estaba llena de bendiciones, mi estado civil era un ámbito que tenía que someter constantemente a Cristo. Sin importar mis circunstancias o estado de relación, mi propósito era sencillo: buscar a Dios primero. Al hacerlo cada día, Él promete añadir a nuestras vidas *todo* lo que necesitamos. Los recursos y la generosidad de Dios no tienen límites. Él tenía un buen plan tanto para mi soltería *como para* mi matrimonio final. Pero en ambos estados, el verdadero júbilo vino al buscarlo a Él primero.

Una Torre fuerte
Carolyn

*Torre fuerte es el nombre de Jehová;
a él correrá el justo, y será levantado.*
Proverbios 18:10

En mi sala de estar tengo un cuadro grande de un majestuoso faro ubicado en la costa de una gran vía fluvial. La luz en la cima del faro fue diseñada para advertir a los marineros del riesgo de encallar, y ayudarlos a guiar sus barcos en alta mar o a través de canales hacia un lugar seguro. El faro servía como torre visible, comunicando con su luz un poderoso mensaje.

En Proverbios, el *nombre* de Dios es equivalente a su persona. Fiel, poderoso, justo, misericordioso, lleno de gracia, omnisciente y sabio, nuestro Dios es una torre fuerte. Es perfecto en todos sus caminos, y su amor es inquebrantable.

Aquellas que hemos recibido el regalo de la salvación a través de la fe en el nacimiento, la muerte y la resurrección del Señor Jesús somos consideradas justas a los ojos de Dios. Nosotras, como creyentes, podemos correr hacia Él y confiar en la seguridad y protección de Dios, nuestra torre fuerte en cada tormenta.

Esperar justicia
Suzanne

Guarda silencio ante Jehová, y espera en él.
No te alteres con motivo del que prospera en su camino,
por el hombre que hace maldades.
Salmos 37:7

A veces puede parecer que los únicos que progresan en la vida son aquellos que ignoran los caminos de Dios y hacen lo que está mal. Ver prosperar a los malvados puede ser desalentador. Incluso podemos sentir la tentación de escatimar en nuestro carácter o de apresurarnos con nuestra propia fuerza para probar un poco de su éxito.

Pero la Biblia ofrece un camino diferente: «Descansa en el Señor y espera pacientemente en *Él*». Puede parecer injusto que alguien que no sigue los mandamientos de Dios obtenga la promoción, los elogios o los beneficios, pero se supone que no hemos de preocuparnos por eso. Dios es justo y recto. Él ve cada acción, buena y mala. Y Él hace todas las cosas bien en su tiempo perfecto.

Cuando te sientas desanimada, pídele que te recuerde tu riqueza y posición como hija del Rey Altísimo. Entonces podrás descansar en Él y esperar su justicia.

Cortar la vana palabrería Vacía

— Suzanne —

*Mas evita profanas y vanas palabrerías,
porque conducirán más y más a la impiedad.*
2 Timoteo 2:16

¿Alguna vez has estado en medio de una conversación que da un giro inesperado hacia lo peor? Estás charlando sobre una amiga en común, Mary, y los desafíos a los que se enfrenta en su hogar, y de repente una conversación edificante se convierte en un chisme. Tal vez hayas formado parte de una conversación en la que hubo groserías, traiciones o un lenguaje vulgar.

Las palabras pueden ser destructivas y divisivas. Pero peor que eso, la clase incorrecta de discurso lleva a la impiedad. Cuando nos encontramos atrapadas en una conversación que no honra a Dios, tenemos dos opciones: cambiar de tema o irnos. Ambas acciones requieren coraje y autocontrol.

Las Escrituras revelan que nuestras palabras siguen lo que hay en nuestros corazones. Si lucho con las conversaciones equivocadas de manera regular, necesito orar y pedirle al Señor que cautive mis pensamientos y mis palabras. Luego debo comenzar el trabajo de sustituir esos modos negativos de comunicarme con palabras que edifiquen, que brinden gozo, avancen el reino de Dios y conduzcan a la piedad.

Un viaje épico
Carolyn

Y José subió de Galilea, de la ciudad de Nazaret, a Judea, a la ciudad de David, que se llama Belén, por cuanto era de la casa y familia de David; para ser empadronado con María su mujer, desposada con él, la cual estaba encinta.
Lucas 2:4-5

El viaje de Galilea a Belén debió de haber sido épico para María y José. Desde el clima hasta el terreno accidentado, pasando por el peligro de los ladrones, hacer semejante viaje fue difícil y estuvo lleno de desafíos, especialmente para una mujer a finales de su embarazo. El nacimiento de Jesús era inminente. Belén está a unos 110 km [70 millas] de Galilea en línea recta, pero la ruta a pie sería más larga.

Después de que María y José llegaron a salvo, no encontraron más lugar para quedarse que un cobertizo de animales. Fue allí donde tuvo lugar el nacimiento milagroso de Jesús y se cumplió la profecía de Miqueas 5:2. Porque Jesús nació, murió y resucitó, tú y yo podemos embarcarnos en un viaje épico con Él. El camino puede ser difícil en ocasiones, pero el Señor promete ir delante de ti y estar siempre contigo.

De palabra y de hecho
Suzanne

Profesan conocer a Dios, pero con los hechos lo niegan, siendo abominables y rebeldes, reprobados en cuanto a toda buena obra.
Tito 1:16

Cuando salía con mi esposo, no fui completamente sincera con él. Al principio de nuestro noviazgo, me preguntó si me gustaba hacer senderismo. «¡Claro!» le respondí, aunque soy una persona que por lo general prefiere los teatros oscuros a los senderos de montaña. Así fue como acabé encontrándome en una caminata desafiante al atardecer, en la que estaba segura de que nos perderíamos o caeríamos por un acantilado.

La persona que finge ser algo que no es para impresionar a los demás es un «farsante». La gente puede decir que conoce a Dios, pero la verdadera evidencia de la fe en Cristo se encuentra en cómo viven. ¿Son coherentes sus actitudes y sus acciones con lo que afirman creer? Nadie es perfecto, y no debemos pretender serlo, pero la fe auténtica se ve en cómo vivimos nuestras vidas diarias.

Señor, ayúdame a ser el tipo de cristiana cuyas acciones reflejan mi relación contigo.

Estímulo a la lectura
Suzanne

Por lo cual, animaos unos a otros,
y edificaos unos a otros, así como lo hacéis.
1 Tesalonicenses 5:11

Después de un año difícil de escuela durante la pandemia, mi hija estaba luchando con las lecturas que le enviaban en su clase de segundo grado. Pensaba que la ayudaría a ponerse al día practicando más con ella, pero las semanas pasaban sin mucho progreso. Finalmente, me decidí a pedirle ayuda a una amiga que vive en nuestro vecindario y que solía trabajar como especialista en lectura en una escuela primaria local. Ella contestó que estaría encantada de ayudar a mi hija a mejorar sus habilidades de lectura.

Después de la primera sesión, mi hija llegó a casa radiante. Con entusiasmo me mostró su lista de palabras para practicar y me leyó una historia sencilla. Al compartir su conocimiento y talentos, mi amiga había fortalecido la confianza de mi hija y me animó a mí también.

Como creyentes, se nos instruye a consolarnos unos a otros. Este tipo de edificación mutua es una función del cuerpo de Cristo. No todas tenemos los mismos dones, pero cada una tiene *un don* que podemos usar para bendecir a la familia de Dios. ¿Cómo puedes animar a alguien hoy o recibir consuelo de otro?

Un corazón devoto
Carolyn

Respondió Rut:
No me ruegues que te deje, y me aparte de ti;
porque a dondequiera que tú fueres, iré yo,
y dondequiera que vivieres, viviré.
Tu pueblo será mi pueblo, y tu Dios mi Dios.
RUT 1:16

Cuando me uní a la familia de mi esposo, adquirí una hermosa relación con mi suegra. Ella expresaba su amor por mí a través de tiempo de calidad, regalos especiales y palabras de aliento en mi matrimonio con su hijo.

Le encantaba enseñar y tenía un gran corazón para los niños, incluidos sus muchos nietos. Espero que haya sentido el amor y la devoción que sentí por ella antes de que falleciera a los cincuenta y tres años. A través de su ejemplo, aprendí cómo ser suegra para los cónyuges de mis propios hijos.

Rut veneraba a su suegra, Noemí, y mostró su amor y lealtad al decidir quedarse con Noemí después de que ambas perdieran a sus esposos. Rut, que era extranjera, fue bendecida con una fe creciente en Dios, un nuevo hogar en Israel y, finalmente, un esposo piadoso y redentor, Booz. ¿Por quién sientes devoción? Piensa en una mujer mayor a la que puedas bendecir hoy.

El regalo de la dependencia

―― *Suzanne* ――

Pero los que esperan a Jehová tendrán nuevas fuerzas;
levantarán alas como las águilas; correrán, y no se cansarán;
caminarán, y no se fatigarán.
Isaías 40:31

Un día estaba hablando con mi cuñada sobre algunas de las tristes situaciones que conocíamos y le dije:

—Ojalá tuviera yo el control.

—¡Yo no! —contestó rápidamente—. No quiero ser la que tome todas esas decisiones. Estoy agradecida de que Dios esté en control.

El libro de Job describe las vastas capacidades de Dios. En realidad, ¿quién querría quitarle el control a un Dios sabio e infinito que organizó las estrellas en el cielo, sentó las bases de la tierra y estableció el mundo natural en toda su complejidad? Cuando esperamos en el Señor, podemos tener paz y esperanza porque su sabiduría y recursos son mucho mayores que los nuestros. La dependencia es un regalo porque nos permite que nuestro Creador haga lo que es mejor para nosotros. Puede que no siempre entendamos su plan, pero cuando elegimos confiar en Dios, Él nos da la fuerza sobrenatural para dar el siguiente paso.

El plan invisible de Dios

Suzanne

Vosotros pensasteis mal contra mí,
mas Dios lo encaminó a bien, para hacer lo que vemos hoy,
para mantener en vida a mucho pueblo.
GÉNESIS 50:20

Siempre me ha encantado la historia de José. Desde un ángulo, la historia de José trata sobre las dificultades y las pruebas de un hombre bueno (hasta el día en que se convirtió en el segundo al mando de Egipto). Desde una perspectiva más amplia, es una historia de cómo Dios preservó a su pueblo, Israel, y lo llevó a un lugar donde se convertirían en una gran nación.

Al confiar en Dios, José puso su mejor esfuerzo en cada tarea, dondequiera que estuviera, sin importar cuán injustas fueran las circunstancias. José mantenía la perspectiva de que Dios estaba trabajando y había una historia mayor en marcha, una que finalmente sería para el bien de José y la gloria de Dios.

Hoy, puedo confiar en que Dios está trabajando en mis circunstancias cotidianas de maneras más grandes que las que conozco. Al confiar en Él y ser fiel en las pequeñas cosas, puedo tener la confianza de que está trabajando en un gran plan que no puedo ver.

Pescadores de Hombres
Carolyn

Y les dijo: Venid en pos de mí,
y os haré pescadores de hombres.
Mateo 4:19

Estoy bendecida con dos nietos guapos, inteligentes y talentosos. Mi nieto mayor es un amante de los deportes y un ávido pescador que tiene un bote de pesca, numerosas cañas de pescar, todo el equipo y material que se necesita para disfrutar del deporte y competir en concursos. Mi nieto más joven es un lector entusiasta y un hábil jugador de videojuegos, disfruta de todo tipo de juegos interactivos que requieren agudeza mental. Lo más importante es que ambos nietos aman al Señor y son parte de la familia de Dios.

El deseo de mi corazón para estos jóvenes es que sean lectores de la Palabra y tengan la pasión de testificar y compartir el evangelio con otros, de manera que se conviertan en «pescadores de hombres». Elevo mis oraciones para que ellos mantengan un testimonio puro y una fuerte convicción por la verdad. Me enorgullece que mis nietos, cuyos padres son mis hijos, perpetuarán el apellido de la familia de mi esposo, pero tengo esperanza de que sigan el mandato de Jesús de atraer a otros a la familia de Dios como pescadores de hombres.

La mayor historia de amor

Suzanne

Tú, pues, vuélvete a tu Dios; guarda misericordia y juicio,
y en tu Dios confía siempre.
OSEAS 12:6

Oseas describe una historia de amor entre Dios y su pueblo. Pero no es una historia bonita. Para proporcionar una ilustración real de su amor, Dios le ordenó a Oseas que se casara con una prostituta llamada Gomer. La infidelidad de Gomer era una imagen de la infidelidad de Israel hacia Dios. La nación se había vuelto hacia los ídolos y practicaba la injusticia.

Oseas proclamó cinco juicios sobre Israel, mientras vivía personalmente este ciclo de pecado y arrepentimiento con su esposa adúltera. A pesar del fracaso de Gomer, Oseas la amaba, y Dios también amaba a Israel. Aunque le fallaron de muchas maneras, Dios los invitaba con ternura a volver a Él.

Yo también soy infiel cuando busco otras cosas para encontrar satisfacción o no vivo según las maneras que Él me ha mostrado. Pero su amor por mí nunca falla. Cuando soy infiel, Él sigue siendo fiel. Yo soy parte de la mayor historia de amor jamás contada.

Saltar con Jesús
Suzanne

Todo lo puedo en Cristo que me fortalece.
Filipenses 4:13

Nunca he sido mucho de tomar riesgos, pero cuando era joven decidí hacer paracaidismo. Cuando un amigo, que era instructor de paracaidismo en las Fuerzas Aéreas y había saltado literalmente mil veces, me ofreció saltar en tándem conmigo, me di cuenta de que nunca podría saltar con alguien en quien confiara más. El día del salto, subimos en un avión pequeño, que parecía un coche de payaso en el aire, y ascendimos hasta la altitud de salto. Atados juntos, saltamos del avión. Un emocionante y vertiginoso descenso libre, por cuarenta segundos, se hizo suave una vez que se abrieron los paracaídas. Las vistas fueron increíbles, y aterrizamos suavemente varios minutos después.

La gente me ha preguntado: «¿Cómo pudiste saltar de un avión?». Mi respuesta es simple: confiaba en la persona con la que estaba saltando. Las cosas que podemos lograr a través de Cristo son verdaderamente asombrosas. Cuando nos sentimos seguras en sus manos, podemos hacer cosas que nunca creímos posibles. Atrévete a arriesgarte con Él hoy.

Eternamente enamorada
Carolyn

*Maridos, amad a vuestras mujeres,
así como Cristo amó a la iglesia,
y se entregó a sí mismo por ella.*
Efesios 5:25

Sus fotos adornan casi todas las habitaciones de mi casa, recordándome a mi amoroso y piadoso esposo. Él lleva más de media década gozando en el cielo con Jesús, con familiares y amigos.

Este año, en nuestro aniversario, me encontré recordando aquella tarde calurosa de julio cuando me casé con mi amor de la secundaria. Los detalles de la boda fueron organizados por mi maravillosa mamá, ya que yo estaba ocupada graduándome y haciendo mis exámenes de enfermería. Mi papá me acompañó por el pasillo de nuestra iglesia en el pueblo mientras la familia y los amigos observaban. Se leyeron pasajes de las Escrituras y hubo música, y así se preparaba el terreno para el pacto de salir de la soltería y unirse en matrimonio.

Estoy agradecida de que Randy y yo comenzáramos nuestro matrimonio como creyentes. Sabíamos que Jesús nos amaba, y nos uníamos en ese amor. Randy fue un esposo sacrificado que trató de amarme como Cristo ama a la iglesia. Nuestra historia de amor será siempre mi favorita, porque con el Señor, una verdadera historia de amor nunca termina. Una placa que cuelga en mi dormitorio lo dice todo: «Siempre serás mi siempre».

Buscando la perfección

Suzanne

Porque en él vivimos, y nos movemos, y somos;
como algunos de vuestros propios poetas también han dicho:
Porque linaje suyo somos.
HECHOS 17:28

Un día, cuando mis hijas eran pequeñas, intentaba capturar la imagen perfecta de ellas con sus pijamas a juego. Debí hacer más de una docena de fotos. O la niña de tres años estaba con la cara torcida y los ojos cerrados, o las manos del bebé eran un total borrón porque estaba aplaudiendo. La mejor foto que logré tenía a las dos mirando a la cámara y sonriendo más o menos, pero unos mechones de cabello colgaban sobre los ojos de la niña de tres años.

He sido perfeccionista toda mi vida. Pero con el tiempo, sobre todo en mi papel de madre, me he dado cuenta con dolor de que soy irremediablemente imperfecta. Le he preguntado a Dios qué está tratando de enseñarme a través de este ataque a mi perfeccionismo. Y creo que la respuesta es *dependencia*. Cuanto menos pueda hacer por mi cuenta, más debo depender de Él, quien me da el poder para hacer todo, incluso respirar. Él es lo bastante grande para manejar mis frustraciones, y me ama profundamente, con todas mis imperfecciones.

Reflexión sobre una pérdida

Suzanne

Tampoco queremos, hermanos, que ignoréis acerca de los que duermen, para que no os entristezcáis como los otros que no tienen esperanza.
1 Tesalonicenses 4:13

Mis primeros recuerdos del tío Randy son de cuando íbamos de *camping*. Me despertaba al escuchar sus ruidos en el campamento, preparando el café y cantando una pequeña melodía.

Cuando mi tío falleció inesperadamente hace seis años, sentí profundamente el dolor. Randy tenía solo dos años más que mi papá. Mis primos, que son de mi edad, habían perdido a su padre. La tía Carolyn había perdido a su querido esposo. Fue una despedida abrupta.

La muerte no es el plan original de Dios, y sientes profundamente cuando pierdes a alguien. Aunque puedo regocijarme por mi tío, que conocía a Jesús, algunas cosas nunca serán las mismas aquí en la tierra. En su funeral, los homenajes y testimonios dejaron claro que mi tío vivió el evangelio. Fue incluso el primero en compartir el evangelio con mi padre, quien también creyó en Jesús. Aunque todos seguimos sintiendo la pérdida de mi tío, lloramos con esperanza, sabiendo que pronto lo veremos de nuevo.

La palabra poderosa de Dios
Carolyn

*... así será mi palabra que sale de mi boca;
no volverá a mí vacía, sino que hará lo que yo quiero,
y será prosperada en aquello para que la envié.*
Isaías 55:11

Tengo una amiga que es una santa experimentada, con gran sabiduría, entendimiento y conocimiento de la Palabra de Dios. A menudo se despierta en mitad de la noche cuando no puede dormir y acude a la Palabra de Dios en busca de sabiduría y paz. Ella me ha animado a leer el libro de Proverbios, un capítulo cada día del mes. He encontrado que Proverbios está lleno de instrucciones prácticas sobre cómo vivir una vida abundante y próspera, a la manera de Dios.

Cada palabra escrita en la página de la Escritura está pronunciada por nuestro Padre celestial para cumplir sus propósitos y su plan perfecto para nuestras vidas. Cuando nos damos cuenta de cuánto nos ama y desea lo mejor para nosotras, queremos obedecer su instrucción. Su Palabra es poderosa y siempre produce resultados, a menudo en un corazón hermosamente transformado.

El árbol más grande

Suzanne

*Bendito el varón que confía en Jehová, y cuya confianza
es Jehová. Porque será como el árbol plantado junto
a las aguas, que junto a la corriente echará sus raíces,
y no verá cuando viene el calor, sino que su hoja estará verde;
y en el año de sequía no se fatigará, ni dejará de dar fruto.*
Jeremías 17:7-8

Cada verano, mi familia y yo visitamos un campamento ubicado en el Parque Nacional Sequoia en California. Hace algunos años, viajamos en auto para ver el Árbol del General Sherman. ¡Por volumen, el General Sherman es el árbol de un solo tronco más grande conocido en el mundo! Estar bajo la imponente secuoya, que ha estado en su lugar durante más de mil años, te hace sentir muy pequeña.

Me encanta cómo el profeta Jeremías describe a la persona que confía en el Señor. Es como un árbol plantado junto a aguas, con raíces profundas y hojas verdes. Este árbol soporta incluso las sequías, y sigue dando fruto. ¡Qué hermosa imagen de la Palabra de Dios! Cuando nos enraizamos en el Señor, somos verdaderamente bendecidas.

El gran amor de Dios

Suzanne

*Mas Dios muestra su amor para con nosotros,
en que siendo aún pecadores, Cristo murió por nosotros.*
ROMANOS 5:8

Un día, una perrita callejera siguió a mi esposo y a mis hijos a casa después de un paseo. La mestiza de terrier estaba afeitada, arañada y cubierta de barro. Pequeñas flores blancas se agarraban a sus ojos, dándole una apariencia poseída. Corrió del otro lado de la calle durante la mayor parte del paseo y finalmente dejó que mi hija se acercara a ella.

Decidimos alojarla por la noche y, durante los siguientes días, hicimos todo lo posible para encontrar a su familia, sin éxito. Al principio, la pequeña perra temblaba cada vez que nos acercábamos, pero a medida que mis hijos le daban mucho amor a «Frannie», la cachorra cobró vida, corría por el jardín y exigía que le acariciaran la barriga.

Cristo murió por nosotros cuando éramos los más indignos de amor. Cuando estábamos manchados por el pecado y completamente indefensos, su amor irrumpió. Ese amor nos transforma, así como el amor de mis hijos transformó a esa perrita (que un miembro de la familia adoptó). ¡Alabado sea Dios por su gran amor!

PORTADORAS DE LA IMAGEN

Carolyn

Entonces dijo Dios: Hagamos al hombre a nuestra imagen, conforme a nuestra semejanza.
GÉNESIS 1:26

Tengo una nieta que tiene un espíritu artístico y creativo. Le gusta dibujar, pintar, hacer cerámica y otras formas de arte. Ella está agradecida por los cumplidos de sus maestros de arte, pero sabe que Dios es responsable de su don artístico y se esfuerza por dar lo mejor de sí para Él.

Dios es el Gran Artista, de quien fluye toda la creatividad en el mundo. El cielo, la tierra, el sol, la luna, las estrellas, los océanos, los peces, las aves, los animales y, por supuesto, la humanidad, fueron creados por nuestro perfecto Dios. Cuando Dios vio todo lo que había creado, se sintió complacido y dijo que era bueno.

Dios creó a los humanos como sus portadores de la imagen. Qué privilegio es reflejar a Dios y su carácter a los demás y glorificarlo a través de nuestras palabras, hechos y creatividad. Estas cosas apuntan a otros hacia su Creador y Salvador. Él nos creó a cada una de nosotras con talentos únicos y áreas de habilidad que podemos usar para honrarlo.

Matar mis sueños

—— *Suzanne* ——

Antes bien, como está escrito: cosas que ojo no vio,
ni oído oyó, ni han subido en corazón de hombre,
son las que Dios ha preparado para los que le aman.
1 Corintios 2:9

A mis treinta años, como mujer soltera, aún no había alcanzado mis mayores deseos. Aunque tenía un trabajo satisfactorio y buenos amigos, no sería una joven novia ni madre como había imaginado.

Tuve que tomar una decisión: podía quedarme en la profunda sensación de pérdida que sentía por la muerte de esos sueños, cuestionar la bondad de Dios y volverme amarga. O podía lamentar lo que no sería y pedirle a mi amoroso Padre que me mostrara nuevos sueños, las cosas que «ojo no vio». Por gracia de Dios, elegí lo segundo.

Como mujer soltera, aún podía ser fructífera. Podía tener conversaciones divinamente orquestadas. Podía servir a los necesitados. Podía traer dulzura a situaciones amargas. Al dejar ir mis expectativas para mi vida y permitir que Dios tomara el control, me mostró las increíbles cosas que había estado haciendo todo el tiempo.

Fiesta en el cielo
Suzanne

Os digo que así habrá más gozo en el cielo por un pecador que se arrepiente, que por noventa y nueve justos que no necesitan de arrepentimiento.
Lucas 15:7

La mejor fiesta a la que he asistido fue mi recepción de boda. Se celebró en un hermoso granero remodelado con enormes ventanas. Comimos picaña para la cena y magdalenas con nuestro monograma monograma en la cobertura para el postre. La mejor parte del evento fue ver a los amigos y familiares que se unieron a nosotros para celebrar nuestro matrimonio. Fue una ocasión llena de alegría que nunca olvidaré.

La Biblia habla de una fiesta en el cielo. Los ángeles se reúnen y se regocijan cada vez que un pecador se arrepiente. Piensa en el momento en que te arrepentiste de tu pecado y seguiste a Cristo. ¡Cuando le diste tu vida, hubo una gran celebración en el cielo!

Quiero celebrar lo que Dios celebra. Como seguidora suya puedo participar en estas conversaciones llenas de gozo al contarles a otros las buenas nuevas y compartir la esperanza que tengo en Él. Y cuando alguien sigue a Cristo, puedo unirme a la celebración.

Dulce consuelo
Carolyn

[Dios Padre] nos consuela en todas nuestras tribulaciones, para que podamos también nosotros consolar a los que están en cualquier tribulación, por medio de la consolación con que nosotros somos consolados por Dios.
2 Corintios 1:4

Después de que mi esposo muriera, recibí llamadas de otras viudas que deseaban ministrarme trayéndome una comida o simplemente conversando conmigo. A través de su empatía, esas mujeres fueron una verdadera bendición. Habían recorrido el mismo camino que yo y podían ofrecerme una comprensión experta y consejos personales.

Ellas fueron capaces de escuchar y permitirme ser yo misma mientras lloraba por mi amado, sin sentirme incómoda. Estas amigas me ofrecieron el consuelo de Dios, y siempre estaré agradecida por este acto de amor.

Ahora me toca a mí. Al haber perdido a mi cónyuge, puedo acompañar a otras viudas y ofrecer el consuelo que Dios me brindó a través de mis amigas. Puedo ministrarles escuchando, consolando, secando las lágrimas y estando disponible.

Sorprendida con las manos en el chocolate

*Mas si así no lo hacéis, he aquí habréis pecado ante Jehová;
y sabed que vuestro pecado os alcanzará.*
NÚMEROS 32:23

Cuando era niña, rara vez teníamos dulces en casa. Uno de los pocos gustos que mi mamá compraba eran unos enormes *muffins* de chocolate. Compraba una docena, los envolvía individualmente en plástico y los congelaba. Cada sábado, los descongelaba para acompañar nuestro desayuno.

Un día, estaba ansiosa por azúcar, así que me colé en el garaje y tomé un *muffin*. La culpabilidad llegó en el momento en que llevé la mercancía de contrabando a mi habitación en el sótano. Mientras regresaba al lugar del crimen con el botín, mi mamá me vio. «¿Qué tienes ahí?», preguntó, levantando una ceja. Rápidamente confesé toda la historia.

Esa no fue la última vez que me pillaron en mi pecado. Dios dice que el pecado contra Él, que son todos los pecados, siempre será descubierto. Puede que no suceda de inmediato, pero finalmente sucederá. Esa es una buena razón para dejar de esconderse, confesar el pecado y buscar el perdón de Dios.

Cuando llega el fracaso

Suzanne

Y tal confianza tenemos mediante Cristo para con Dios;
no que seamos competentes por nosotros mismos para pensar
algo como de nosotros mismos, sino que nuestra competencia
proviene de Dios.
2 Corintios 3:4-5

¿Alguna vez has sentido que estás fracasando en la vida? Tal vez tienes muchas cosas en el aire y sigues dejándolas caer. Tengo más historias de las que puedo contar sobre momentos en los que olvidé algo importante, me comprometí demasiado y no cumplí, y dejé a otros, incluso a mi propia familia, decepcionados.

Los sentimientos de no alcanzar el objetivo son naturales en los seres humanos. Eso se debe a que, aparte de Dios, cada una de nosotras es profundamente inadecuada. Somos insuficientes para salvarnos a nosotras mismas e incluso para hacer buenas obras (Isaías 64:6) aparte de Cristo.

De hecho, nunca se pretendió que cargáramos con el peso de cultivar una vida o una imagen perfecta. Nuestra imperfección nos señala al Perfecto. A medida que nos enfocamos en la suficiencia de nuestro Salvador y su sacrificio, podemos vivir con libertad, dependiendo de Él para obtener las victorias y alabando a nuestro Señor, que es todo suficiente

No se trata de mí
Carolyn

*... que en el nombre de Jesús se doble toda rodilla de los que
están en los cielos, y en la tierra, y debajo de la tierra;
y toda lengua confiese que Jesucristo es el Señor,
para gloria de Dios Padre.*
FILIPENSES 2:10-11

Mi himno favorito es *Cuán grande es Él*. De una forma hermosa brinda honor y gloria a Dios con estas palabras:

La letra en español dice:
Le adoraré, cantando la grandeza
De su poder y su infinito amor [N.T.]

Mi alma se regocija porque Dios me amó tanto que dio a su hijo para morir en la cruz y quitar mis pecados. Ahora soy suya, y soy digna de llamarlo mi Padre. Mi propósito en la vida es glorificarlo. Aunque es fácil perderme en mi vida ocupada, mis preocupaciones y problemas, esta vida no se trata de mí; se trata de mi glorioso Dios y Salvador.

Con alegría en mi corazón, puedo apoyarme en Dios diariamente, adorándolo y agradeciéndole en todas las circunstancias.

Historia de origen

Suzanne

Y creó Dios al hombre a su imagen, a imagen de Dios lo creó; varón y hembra los creó.
Génesis 1:27

Recientemente vi una película que salió hace quince años. Al preguntarme qué había sido de la vivaz joven estrella que protagonizó la película, hice un poco de investigación. Como sucede con demasiadas actrices de éxito, estaba en rehabilitación (otra vez). En una entrevista, habló de haber tocado fondo inmediatamente después del éxito de una de sus películas.

A veces creo que, si logro ciertos estándares de éxito, me sentiré valiosa. Pero eso simplemente no es cierto. Los sentimientos de inutilidad pueden afectar tanto a aquellos que parecen tener un éxito increíble como a las personas comunes. Pero nuestro valor es intrínseco; ¡somos creadas a imagen de Dios! Cuando buscamos en Él nuestro valor, nunca nos decepcionaremos. Nos amó tanto que dio su vida por nosotras. La próxima vez que te sientas inútil, recuerda tu historia de origen. Eres más valiosa para Dios de lo que puedas imaginar.

Lo que quiero hacer

Suzanne

Porque sabemos que la ley es espiritual; mas yo soy carnal, vendido al pecado. Porque lo que hago, no lo entiendo; pues no hago lo que quiero, sino lo que aborrezco, eso hago.
Romanos 7:14-15

Un día, mi hijo de cuatro años ofreció una respuesta sorprendentemente sincera después de haberle corregido.

—Pero yo quiero hacerlo —respondió él.

—Lo sé —respondí, ahogando una risa—, pero la respuesta es *no*.

Mi hijo pequeño expresó exactamente lo que el apóstol Pablo mencionó en Romanos 7. Incluso como cristianas, somos carnales, y a veces, «lo que aborrezco, eso hago». Esta lucha contra el pecado es una lucha de toda la vida. La buena noticia es que tengo ayuda para decir no al pecado. Cuando solo «quiero hacerlo», el Espíritu Santo puede ayudarme a hacer lo que es correcto.

A diferencia de mí, Dios no se ríe cuando sus hijas son tentadas a ceder a sus deseos egoístas y pecaminosos, porque Él sabe el daño que el pecado causa en nuestras vidas. Él ofrece perdón y la gracia para que tomemos mejores decisiones la próxima vez que llegue la tentación.

La mayor bondad
Carolyn

Pero cuando se manifestó la bondad de Dios nuestro Salvador, y su amor para con los hombres.
Tito 3:4

En el libro *A Volume of Friendship* [Volumen de amistad] con derechos de autor de 1912, encontré estas palabras de un escritor anónimo: *Corazones amables son los jardines. Pensamientos amables son las raíces. Palabras amables son las flores. Hechos amables son los frutos.*

Este escritor expresa de un modo muy bello cómo el corazón y la mente trabajan juntos para producir palabras y acciones amables. Mostrar bondad hacia los demás debería ser un ejercicio diario para todos nosotros.

A medida que caminemos con el Espíritu, produciremos el fruto de la bondad, que es ternura, dulzura y un espíritu amable y benévolo hacia los demás. Nuestro Padre celestial dio el ejemplo supremo cuando proporcionó un camino de salvación a través de Jesucristo. Su acto fue el mayor acto de bondad que el mundo haya conocido. Como creyente, espero reflejar esa bondad capaz de atraer a otros hacia Dios.

Esforzarse por algo más
Suzanne

Y todo lo que hagáis, hacedlo de corazón,
como para el Señor y no para los hombres.
Colosenses 3:23

Mi primer trabajo después de la universidad fue el de editora de una revista infantil para una gran organización cristiana. Cuando escribes palabras para animar a los creyentes (o sirves en la iglesia, como lo hace mi esposo, que es pastor), es fácil ver cómo tu trabajo contribuye al reino de Dios. Pero la mayoría de los creyentes no trabajan en un entorno estrictamente cristiano. Tengo amigas y amigos que son enfermeras, maestras, mecánicos, artistas, agricultores, ingenieros, madres amas de casa y asistentes administrativos.

Cualquiera que sea tu «trabajo», incluso si estás jubilada, puedes hacerlo como para el Señor. La belleza de trabajar para Cristo es que no tienes que preocuparte por la política laboral, escalar la jerarquía corporativa o incluso por la producción en sí. Tu tarea es sencilla: trabajar duro para el Señor y no para los hombres.

A veces podemos sentir que el propósito del trabajo es simplemente pagar las cuentas, pero fuimos creados para encontrar propósito y satisfacción a través de nuestro trabajo y, en última instancia, para dar gloria a Dios.

Mitigar mi corazón

Suzanne

Velad y orad, para que no entréis en tentación;
el espíritu a la verdad está dispuesto, pero la carne es débil.
Mateo 26:41

Cuando vivía en Colorado, dos grandes incendios forestales devastaron nuestra comunidad. En ambos casos, mis amigos perdieron sus hogares. Una excompañera de trabajo tuvo menos de una hora para reunir sus pertenencias más importantes antes de ser evacuada. Después, pasó meses viviendo en un hotel y lidiando con el seguro antes de que pudiera construir nueva casa.

A través de esas tragedias, aprendí sobre la mitigación de incendios forestales, que consiste en tomar precauciones para proteger un edificio del fuego. Por ejemplo, se pueden despejar árboles secos o maleza alrededor de la casa, lo que facilita su defensa durante un incendio.

¿Qué significa atenuar el pecado, una fuerza más destructiva que un incendio forestal en nuestras vidas? Primero, debemos estar alerta frente a la tentación y a las situaciones donde somos propensas a pecar. Segundo, debemos orar sobre nuestras debilidades, pidiendo al Padre que nos «libre del maligno» cuando llegue la prueba. Al mitigar nuestros corazones, ejercemos sabiduría y presentamos al enemigo un blanco más pequeño.

Contar mis días
Carolyn

*Mi embrión vio tus ojos, y en tu libro estaban escritas
todas aquellas cosas que fueron luego formadas,
sin faltar una de ellas.*
Salmos 139:16

Nuestra iglesia atravesó un tiempo muy traumático cuando nuestro joven pastor falleció tras ser diagnosticado con COVID-19. Su ministerio estaba creciendo dentro de la iglesia y en línea, y estaba impactando a muchos con Señor en todo el mundo. Su hermosa esposa e hija pequeña saben que su muerte estaba en el plan perfecto de Dios, pero su dolor es profundo.

La Palabra de Dios nos señala que Él estableció el número de nuestros días en esta tierra antes de que naciéramos. En su soberanía, Dios no solo nos creó en el vientre de nuestra madre, sino que también ordenó el tiempo en que viviríamos y el momento específico de nuestra muerte. Ninguna intervención humana puede cambiar el calendario de Dios. Como expresó un joven viudo: «No sabemos si somos viejos o jóvenes. Solo Dios lo sabe». Si aceptamos que no tenemos el control, pero que nuestro Padre celestial infinitamente amoroso y bueno sí lo tiene, podemos vivir una vida abundante, haciendo que cada día cuente para Dios.

Sueños del tamaño de Dios

Suzanne

Deléitate asimismo en Jehová,
y él te concederá las peticiones de tu corazón.
Salmos 37:4

A las personas les encanta hablar de seguir sus sueños. Eso puede sonar bien, pero Dios no nos llama a seguir nuestros sueños. Nuestros sueños no son tan importantes. Lo que realmente importa es la gloria de Dios, que se logra al caminar en sus caminos.

Eso no significa que a Él no le importen nuestros sueños. Él da buenos regalos a sus hijos. Yo, como tantas otras personas, he visto realizados los sueños de mi corazón. Cuando era adolescente, quería trabajar para una revista cristiana. Dios permitió que ese sueño se hiciera realidad, ¡incluso me dio la oportunidad de trabajar para la editorial que tenía en mente! Deseaba un esposo y una familia, y aunque la realización de ese sueño se retrasó, Dios proveyó esas cosas en su tiempo perfecto.

Otros sueños han quedado en el camino y está bien. Cuando me deleito en Aquel que me creó y me ama, Él me da nuevos deseos, sueños del tamaño de Dios. La verdadera alegría no se encuentra en seguir mis sueños; se encuentra en seguirlo sus enseñanzas.

Sabiduría e insensatez
—— Carolyn ——

El principio de la sabiduría es el temor de Jehová;
los insensatos desprecian la sabiduría y la enseñanza.
Proverbios 1:7

El anuncio de la revista era llamativo. Describía una solución fácil para perder peso, un tema que me *obsesionaba* en mis primeros veinte años. *Tan solo compra este traje que parecía de astronauta y conecta tu aspiradora al punto indicado*, afirmaba el anuncio. *Enciende la aspiradora, ¡y la grasa de tu cuerpo puede ser eliminada al instante*! No puedo creer que pensara que esto funcionaría, pero lo hice.

Afortunadamente, las dos personas con las que hablé al respecto tenían sabiduría y sentido común, me disuadieron de comprar este «arreglo rápido», absurdo y sin base científica.

El respeto por Dios es el comienzo de la sabiduría. Los creyentes que buscan la sabiduría de Dios la recibirán, y las verdades obtenidas en las Escrituras proporcionarán la base para el aprendizaje y el conocimiento. Proverbios ofrece principios de disciplina, autocontrol y prudencia. Estos principios pueden aplicarse a todos los ámbitos de la vida. Una persona que busca la verdadera sabiduría encontrará éxito en la vida y agradará a Dios.

Una cita con el odontólogo

Suzanne

En el día que temo, yo en ti confío.
En Dios alabaré su palabra; en Dios he confiado; no temeré;
¿Qué puede hacerme el hombre?
SALMOS 56:3-4

Tengo una relación complicada con el dentista. La mayoría de las personas no disfrutan ir, pero yo tengo un temor absoluto. Hace algunos años, tuve que empastarme una carie. Mientras intentaba mantener la boca abierta, estando adormecida, durante treinta minutos, los recuerdos de experiencias dentales estresantes volvieron a mi mente. Sentada en esa silla, con las manos sudorosas y el sonido del taladro en mis oídos, sentí que estaba a punto de perder el control. Logré superarlo, pero salí esperando no tener que regresar pronto.

Todos sentimos miedo en ocasiones (por cosas mucho más grandes que empastarse una carie). Pero Dios es mucho más poderoso que cualquier cosa que pueda temer. Nada puede hacerme daño si no es su voluntad. Al reconocer su soberanía sobre mi vida y confiar en Él, realmente no tengo nada que temer.

La gloria de las abuelas
Carolyn

En los ancianos está la ciencia,
y en la larga edad la inteligencia.
Job 12:12

Cuando tenía siete años, mis dos abuelas se unieron a mi mamá, mi papá y a mí en un viaje por carretera a Sarasota, Florida. Me sentí totalmente consentida sentada entre mis amorosas abuelas en el asiento trasero del auto. Al llegar a nuestro destino, nos pusimos los bañadores y fuimos a la playa.

Mi abuela paterna nadó valientemente demasiado lejos en el océano, y mi padre tuvo que rescatarla. Mi abuela materna temía que alguien le robara su dinero, así que lo sujetó con alfileres a su bañador y luego tuvo que planchar los billetes mojados. Sin duda, tengo recuerdos muy entrañables de estas vacaciones de la infancia.

Una abuela conocida en la Biblia es Loida, madre de Eunice y abuela de Timoteo. Su fe profunda y duradera en el Señor y su dedicación a instruir a Timoteo en las Escrituras fueron su legado. En medio de una cultura de inmoralidad y creencias paganas, Loida destacó como un ejemplo de vida recta. Su sabiduría benefició enormemente a Timoteo y a la fundación de la iglesia primitiva.

Ser de una misma mente

Suzanne

Os ruego, pues, hermanos, por el nombre de nuestro Señor Jesucristo, que habléis todos una misma cosa, y que no haya entre vosotros divisiones, sino que estéis perfectamente unidos en una misma mente y en un mismo parecer.
1 Corintios 1:10

Mis hijas, que se llevan dos años de diferencia, tienen una inclinación por discutir. Hay días en los que parece que discuten por *todo*. Como madre, es desalentador ver que no se llevan bien. Mis mejores días como mamá son aquellos en los que son amables y generosas entre ellas.

Recientemente, he notado muchas divisiones entre los creyentes. Tenemos puntos de vista diferentes sobre cuestiones culturales. No estamos de acuerdo en cómo interpretar la doctrina. Incluso discutimos sobre qué música debería tocarse en la iglesia. Todos amamos a Jesús y creemos en el evangelio, pero nos dividimos por muchas cosas secundarias.

Pablo rogó a los corintios que fueran de un mismo sentir. Su unidad proclamaba a un Salvador resucitado que realmente podía derribar las barreras entre las personas. Cuando buscamos la unidad con otros creyentes, honramos a nuestro Padre.

Mira quién está hablando
Carolyn

*Porque no sois vosotros los que habláis,
sino el Espíritu de vuestro Padre que habla en vosotros.*
Mateo 10:20

Cuando mi esposo falleció, mi pastor aceptó amablemente mi solicitud de dar el mensaje en el servicio conmemorativo. Frente a muchos familiares y amigos no creyentes, su mensaje fue uno de los más claros y hermosos sobre el evangelio que jamás había escuchado. Cuando le agradecí por su ministerio y mensaje ese día, mi pastor respondió que ni siquiera recordaba lo que había dicho.

El Señor le había dado las palabras perfectas para compartir con nuestra familia y amigos. Fui sumamente bendecida por mi fiel pastor, quien reconoció y honró humildemente al Señor con sus palabras.

La Palabra de Dios asegura a los creyentes que, al someternos humildemente a la guía del Espíritu Santo y permitir que Dios nos use para hacer su voluntad, el Espíritu Santo nos enseñará qué decir en el momento (Lucas 12:12). Puedo testificar con valentía y hablar de la Palabra de Dios con otros porque no soy yo quien habla, sino Dios, el Espíritu.

La mayor alegría posible

Suzanne

*Y me regocijaré en tus mandamientos,
los cuales he amado. Alzaré asimismo mis manos
a tus mandamientos que amé, y meditaré en tus estatutos.*
Salmos 119:47-48

El Salmo 119 es una oración de alguien que se deleita en la Palabra de Dios y vive según ella. «Deleite» no siempre es una palabra que asociamos con la Biblia. A veces tendemos a ver la ley de Dios como algo rígido y difícil de obedecer. Pero es mucho más que eso.

Recuerdo haberme conmovido al ver un video sobre creyentes iraquíes recibiendo la Biblia en su propio idioma por primera vez. Una mujer comparó recibir la Biblia con un dicho iraquí que decía algo así: «Pensé que cuando viera a mi amado, experimentaría la mayor felicidad posible. Pero ahora que está aquí conmigo, esa felicidad se ha superado».

La pasión de esa mujer me desafió. ¿Tengo yo la misma pasión por la Palabra de Dios? ¿La amo y aprecio como ella lo hizo? Como esta mujer y el salmista, yo quiero ser una amante de la hermosa Palabra de Dios.

Tan solo hazlo
Carolyn

... esfuérzate, (y hazlo).
1 Crónicas 28:10

Mi nuera Jill me contó recientemente cómo este versículo impactó su vida durante un tiempo muy desafiante. Ella, mi hijo y su familia acababan de mudarse de Indiana a Ohio. El estrés de empacar y vender su casa, mudarse lejos de sus amigos, buscar una nueva casa, prepararse para educar en casa a sus dos hijos, comenzar el nuevo negocio de mi hijo, establecerse en un vecindario diferente y encontrar una nueva familia en la iglesia fue abrumador. Cada día, con la fuerza de Dios, Jill avanzó con propósito para cumplir su exhortación de «hacerlo».

Las Escrituras están llenas de personajes ordinarios que aceptaron el encargo de cumplir la voluntad de Dios. Noé construyó el arca. Josué guio a los israelitas a la tierra prometida. Ester se acercó al rey sin miedo y salvó al pueblo judío de la aniquilación. David luchó y mató a Goliat. Jesús, nuestro Salvador extraordinario, hizo la voluntad de su Padre a través de su muerte y resurrección. Cuando la vida parece abrumadora, podemos seguir el ejemplo de nuestro Salvador y simplemente hacer lo que debemos hacer.

Aprovechar el tiempo

Suzanne

*Mirad, pues, con diligencia cómo andéis,
no como necios sino como sabios, aprovechando bien el tiempo,
porque los días son malos.*
EFESIOS 5:15-16

¿Cómo pasas tu tiempo? Muchos de nosotros pasamos tiempo trabajando, durmiendo, haciendo ejercicio, viendo la televisión, relacionándonos con amigos y desempeñando una variedad de otras actividades. Muchas de estas cosas en las que usamos nuestro tiempo son buenas, pero ¿son las mejores?

Una vez escuché a un orador decir: «Programa primero lo que más importa». Piensa en algunas de tus principales prioridades. Tal vez quieras pasar tiempo leyendo la Biblia cada día. Quizás quieras conectarte más profundamente con los miembros de tu familia. O tal vez sientas que la iglesia es importante para ti. Cualesquiera que sean tus principales prioridades, ponlas en tu calendario primero. Comprométete con el tiempo que asistirás a la iglesia. Programa tiempo de calidad con tus hijos o con las personas que te importan. Haz que leer la Biblia sea la primera tarea de tu día.

A cada una de nosotras se nos da un número limitado de días para vivir en esta tierra y hacer la voluntad de Dios. Elige sabiamente y aprovecha el tiempo.

Más blanco que la nieve
Carolyn

Purifícame con hisopo, y seré limpio;
lávame, y seré más blanco que la nieve.
Salmos 51:7

Tuve la oportunidad de ir a comprar un bañador con mi dulce nieta mayor. Nosotras disfrutamos mucho el tiempo juntas, a menudo haciéndonos reír mutuamente. Encontramos un hermoso bañador blanco con rayas azules. Ella se lo probó y le quedaba perfecto, así que lo compramos.

Lamentablemente, después de varios días en la piscina, el cloro hizo desaparecer las rayas azules del bañador. Mi nieta aún lo usa, pero ahora es blanco como la nieve.

Esta situación con el bañador me hizo pensar en la limpieza espiritual de nuestros pecados que las llagas de Jesús hicieron posible. A través del profeta Isaías, el Señor dijo: «Si vuestros pecados fueren como la grana, como la nieve serán emblanquecidos» (Isaías 1:18). Jesús fue azotado y sangró por nosotros, y por ello podemos ser limpiados de toda injusticia a través de la simple fe. Ahora estamos vestidas con su justicia, sin mancha ni culpa, más blancas que la nieve. ¡Alabémosle!

Una vida fructífera

Suzanne

*Yo soy la vid, vosotros los pámpanos;
el que permanece en mí, y yo en él, este lleva mucho fruto;
porque separados de mí nada podéis hacer.*
Juan 15:5

Mi pastor predicó hace poco sobre la importancia de leer las Escrituras con el propósito de crecer espiritualmente. «Cuando necesito perder 10 kg (poco más de 20 libras), siempre estoy buscando resultados inmediatos», explicó. «Pero no es algo inmediato. Tengo que tomar decisiones día tras día que apoyen mi objetivo».

Obtener resultados en nuestras vidas espirituales funciona de la misma manera. Si deseas tener una relación cercana y vibrante con Dios, debes elegir cada día pasar tiempo en su Palabra. Debes hablar con Él en oración y escuchar en silencio para oír su respuesta. Una relación floreciente con Jesús no se produce de la noche a la mañana. Se cultiva con cuidado un día tras otro hasta que las ramas comienzan a dar fruto.

California, donde vivo, produce mucha fruta. La fruta solo es tan buena como la vid o el árbol al que está unida. Para dar buen fruto, debemos permanecer en un buen Salvador, un Salvador que lo dio todo por nosotros.

Vencedora
Carolyn

Hijitos, vosotros sois de Dios, y los habéis vencido; porque mayor es el que está en vosotros, que el que está en el mundo.
1 Juan 4:4

Uno de mis ejercicios favoritos es caminar. Uso un podómetro en la muñeca para contar mis pasos, ya que trato de alcanzar diez mil pasos al día. A veces, mi mente y cuerpo están en sincronía, y logro mi objetivo. Otras veces, lucho por superar mi falta de perseverancia. Cuando sigo el plan con éxito, obtengo una victoria que resulta en una versión más feliz y saludable de mí misma.

En 1 Juan, el apóstol alienta a los creyentes afirmando que pertenecen a Dios y pueden vencer a los falsos maestros. Pasó mucho tiempo advirtiendo a los seguidores de Jesús sobre las falsas enseñanzas, que no tienen fundamentos bíblicos. Esos maestros tienen el espíritu del anticristo, que es Satanás.

¿Qué significa ser una vencedora? Incluso en medio de circunstancias difíciles y enseñanzas falsas, tenemos el espíritu del Dios viviente en nosotras y nos ayuda a discernir la verdad de la mentira, la luz de la oscuridad y el bien del mal. ¡Satanás conoce la derrota porque somos vencedoras!

Las chicas grandes lloran

Suzanne

*Los que sembraron con lágrimas,
con regocijo segarán.*
SALMOS 126:5

Un día, durante una reunión de trabajo, lloré inesperadamente. Habíamos discutido algo que me tocaba en lo más profundo. Las cosas se pusieron tensas, y una combinación de falta de sueño y mis emociones por el tema hicieron que mi profesionalismo se desmoronara. Me sentí muy avergonzada.

¿Por qué, Señor? Pensé con frustración. *¿Por qué no me diste la fuerza para mantener la compostura?* En cambio, estaba segura de que mis sollozos habían dañado mi credibilidad. La cultura nos dice que quienes controlan con firmeza sus emociones muestran fortaleza, mientras que aquellos que lloran son vistos como débiles. ¿Por qué otra razón los oradores y los pastores se disculpan cuando se les quiebra la voz? Están mostrando debilidad.

Muchos héroes de la fe fueron personas llorosas: Jeremías o el «profeta llorón», el rey David, Pablo y hasta Jesús lloraron. Las lágrimas no son una función corporal inconveniente. Las lágrimas pueden demostrar arrepentimiento y un corazón tierno. Las lágrimas limpian y sanan. Las lágrimas impactan a otros y son percibidas por el Señor. Las lágrimas son parte del ser humano. A veces, las chicas grandes también lloran, y eso está bien.

El camino al refrescamiento
Carolyn

El alma generosa será prosperada;
y el que saciare, él también será saciado.
PROVERBIOS 11:25

¿Quién o qué es tu fuente diaria de refrescamiento? ¿Te diriges al entretenimiento o tal vez a una rutina para aliviar el estrés?

Un día, durante mis devocionales matutinos, encontré Proverbios 11:25, que habla de refrescar a otros para ser refrescada. Aproveché la oportunidad para escribir una nota de ánimo a una amiga. Más tarde ese día, mi espíritu fue animado y refrescado por mi nieta, quien leyó en voz alta el Salmo 100 durante nuestro encuentro. Dios usó su Palabra, pronunciada por mi nieta, para darme energía, fortalecerme y refrescarme tanto mental como físicamente.

En el libro de Proverbios, el Señor usa analogías simples para iluminar su verdad. Una de ellas es la idea de que la persona generosa que refresca a otros prosperará y florecerá. Piensa en la importancia del agua para el crecimiento de las plantas. Los agricultores dependen de la lluvia para regar sus cultivos. Un jardín necesita agua para que crezcan los vegetales. El agua nutre, vigoriza y refresca la planta. Seguir la Palabra de Dios y refrescar a otros resultará en bendiciones abundantes y refrescamiento eterno.

Ser una luz

Suzanne

Haced todo sin murmuraciones y contiendas, para que seáis irreprensibles y sencillos, hijos de Dios sin mancha en medio de una generación maligna y perversa, en medio de la cual resplandecéis como luminares en el mundo.
Filipenses 2:14-15

Cuando pienso en murmurar y discutir, pienso en los israelitas. Mientras estaban bajo la opresión como esclavos en Egipto, se quejaban de que Dios los había olvidado. Luego, cuando Dios respondió a sus clamores y los liberó milagrosamente de la esclavitud en Egipto, el pueblo continuó quejándose cada vez que tuvo oportunidad.

Comparadas con las de Israel, mis quejas parecen pequeñas: el trato recibido por otra persona, las circunstancias poco ideales en mi vida personal o no obtener cosas que creo merecer. Puedo llegar a estar fácilmente insatisfecha con estas cosas y empezar a quejarme y discutir.

Pablo dice que hacer las cosas *sin* murmurar ni discutir distingue a los creyentes, para que *brillen* como luces resplandecientes. ¡Qué increíble! El mundo está lleno de quejumbrosos, pero en cambio, tú puedes elegir ser una luz.

Redimida
Carolyn

Porque habéis sido comprados por precio;
glorificad, pues, a Dios en vuestro cuerpo y en vuestro espíritu,
los cuales son de Dios.
1 Corintios 6:20

¿Alguna vez has caminado por un cementerio y has leído las inscripciones en las lápidas? Vi una en un monumento que era simple, pero para mí, lo decía todo: «Redimido». Incluso en la muerte, esta preciosa alma ofreció un testimonio al Señor.

Una definición de «redimir» es «salvar a alguien del pecado, el error o el mal». Esta es ciertamente una comprensión adecuada de la palabra desde la perspectiva cristiana. En el himno *I Will Sing of My Redeemer* [A mi Redentor yo canto], Philip P. Bliss escribe sobre el maravilloso amor de Cristo al sufrir en la cruz para liberarnos de la maldición. La canción expresa las hermosas verdades de que la sangre de Cristo compró, perdonó y pagó la deuda de nuestro pecado, lo que resulta en nuestra libertad y redención.

En su poder, su amor y su misericordia, Jesús fue victorioso sobre el pecado y la muerte, lo que restauró nuestra relación con el Padre. Porque la sangre de Cristo nos ha comprado para Dios, lo honramos con nuestros cuerpos y nuestras almas.

Una verdadera belleza

Suzanne

*Toda tú eres hermosa, amiga mía,
y en ti no hay mancha.*
Cantares 4:7

«¡Eres una verdadera belleza!». Las sinceras palabras de mi hijo de cuatro años me conmovieron.

La mayoría de los días no me siento hermosa, al menos no en comparación con las mujeres que veo en la televisión o incluso con las que trato a diario. Con frecuencia dudo de mi belleza. Es mucho más fácil enfocarme en mis imperfecciones que reconocer que Dios hace cosas hermosas y, por lo tanto, me ha hecho hermosa.

En el Cantar de los Cantares, el rey Salomón usa un lenguaje poético para expresar adoración por su amada. El libro presenta descripciones elaboradas de su belleza, y vemos cómo la confianza en sí misma florece bajo la atención de su amado. «Mi amado es mío, y yo suya», concluye (2:16).

El Cantar de los Cantares es también una imagen de cómo Dios nos ama, a nosotras, sus hijas. Él nos encuentra hermosas. No de una manera cursi, como en una canción de amor. Somos hermosas para Él porque Él nos creó, y ve nuestro carácter interior *y* nuestra belleza exterior. Nunca olvides que Él te mira y dice: «Eres una verdadera belleza».

Caminar en las huellas de Jesús
Carolyn

El que dice que permanece en él,
debe andar como él anduvo.
1 Juan 2:6

Durante mi viaje a Israel, caminé por la ruta en la Ciudad Vieja de Jerusalén conocida como la Vía Dolorosa. Traducida como «Camino del Sufrimiento», es el trayecto que se cree que Jesús recorrió mientras llevaba la cruz hacia el Gólgota. Para mí, fue un viaje humillante y solemne a pie, que recreaba los pasos de Jesús hace dos mil años.

En la antigüedad, un discípulo debía seguir los pasos de su rabino tan de cerca que el polvo de sus pasos cayera sobre sus sandalias. Jesús es nuestro ejemplo perfecto y a quien imitamos en nuestras palabras y acciones. Rendirnos a la voluntad de Dios es el primer paso para caminar con Cristo. Él guardó los mandamientos y demostró un amor incondicional y sacrificial. Hablaba la verdad. Fue paciente, humilde y compasivo. Sobre todo, valoraba a las personas. Estas son las características de Cristo que debemos emular. Como creyentes, tenemos el listón muy alto. Sigamos tan de cerca a Jesús que nuestros pies se ensucien.

Acabar con fuerza
Suzanne

He peleado la buena batalla, he acabado la carrera, he guardado la fe. Por lo demás, me está guardada la corona de justicia, la cual me dará el Señor, juez justo, en aquel día; y no solo a mí, sino también a todos los que aman su venida.
2 Timoteo 4:7-8

Solía pensar que era una buena idea correr incluso cuando nadie me perseguía. Esto me llevó a inscribirme y completar tres medio maratones. No importaba lo duro que entrenara o lo en forma que estuviera, ese último kilómetro o dos siempre eran difíciles. Al final de una de las carreras, una amiga me animó cantando una versión ruidosa de *My Favorite Things* [Mis cosas favoritas] del musical *The Sound of Music* [*Sonrisas y lágrimas* en España o *La novicia rebelde* en Hispanoamérica].

A veces siento que la fatiga se cuela en mi vida espiritual. Mientras corro la carrera, me desanimo, pierdo energía y me pregunto si vale la pena seguir corriendo. ¡Oh, claro que lo vale! El apóstol Pablo dice que espera con ansias la corona de justicia que el Señor le dará en ese día. Dios y una multitud de testigos nos animan. Al permanecer en su Palabra, puedo terminar la carrera y mantener la fe.